AF546105

S
V
H

PROPÄDIX

Unterrichtsmaterialien für den Pädagogikunterricht

Hrsg. von Eckehardt Knöpfel und Carsten Püttmann

Band 22

Ullrich Bauer / Carsten Püttmann / Lea Vogelsang / Nils Weinberg

Produktive Realitätsverarbeitung als Herausforderung für pädagogisches Handeln

Fünf Zugänge zu Sozialisation und Persönlichkeitsentwicklung im Pädagogikunterricht

Lehrer*innenband

Schneider Verlag Hohengehren GmbH

Umschlaggestaltung: Simone Spörckmann

Quellenangabe des Titelfotos: ©PantherMedia/serrnovik

Bibliografische Information der Deutschen Nationalbibliothek

Die Deutsche Nationalbibliothek verzeichnet diese Publikation in der Deutschen Nationalbibliografie; detaillierte bibliografische Daten sind im Internet über ›http://dnb.dnb.de‹ abrufbar.

ISBN 978-3-8340-2142-7: Band für Lehrerinnen und Lehrer
ISBN 978-3-8340-2141-0: Band für Schülerinnen und Schüler
Schneider Verlag Hohengehren, 73666 Baltmannsweiler
Homepage: www.paedagogik.de

Printed in Germany. Druck: Format Druck, Stuttgart

Inhaltsverzeichnis

Vorwort des Reihenherausgebers

Liebe Kolleginnen und Kollegen!

Wenn sich die Autor*innen dieses Bandes „Produktive Realitätsverarbeitung als Herausforderung für pädagogisches Handeln“ als Titel gewählt haben, so beruht die erneute Auseinandersetzung mit dem theoretischen Ansatz von Klaus Hurrelmann auf einer langen unterrichtlichen Tradition im Pädagogikunterricht. Bereits im Band acht der Reihe **Propädix** hat Mariana Durt das Modell der produktiven Realitätsverarbeitung für den Pädagogikunterricht didaktisch aufbereitet. Ergebnis war eine Materialsammlung, die auf der Grundlage von Hurrelmanns „Acht (später dann 10) Maximen der sozialisationstheoretischen Jugendforschung“ Einblick in dessen Theorie gibt. Die Neuauflage von 2016 enthält neben den zehn Maximen zusätzliche Sachtexte, Fallbeispiele und Abbildungen, welche die Maximen konkretisieren und vertiefen inklusiv des Themengebiets „Umgang von Jugendlichen mit dem Web 2.0.“

Diese Forschungstradition hat der Bielefelder Soziologe und Sozialisationsforscher Ullrich Bauer aufgenommen und in Kooperation mit Klaus Hurrelmann dessen Ansatz weiterentwickelt. Klaus Hurrelmann, der sein Modell auf Pädagogiklehrertagen mehrfach vor großer Kulisse entwickeln konnte, war in sozialisationstheoretischer Hinsicht prägend für den Pädagogikunterricht der letzten 20 Jahre. Nicht zuletzt die Durchsicht der Abiturvorgaben belegt das nachhaltig. Dass wir in der Reihe **Propädix** nach Hurrelmanns Emeritierung mit Ullrich Bauer einen prominenten deutschen Sozialisationsforscher als (Mit-)-Autor gewinnen konnten, ist ein Glücksfall.

Überblickt man das Inhaltsverzeichnis des neuen Bandes, so wird schnell deutlich, dass dieses Buch zum Einsatz im Pädagogikunterricht bestens geeignet ist. Die ausdrücklich vorgesehene Erarbeitung einer pädagogischen Perspektive sowie die Ermöglichung einer pädagogischen Urteils- und Handlungskompetenz seien hier als Beispiele genannt. Im Vorwort schreiben die Autor*innen des Bandes, dass in den Theorien, die sich mit Sozialisation beschäftigen, immer eine doppelte Perspektive steckt. „Zum einen auf die gesellschaftlichen Bedingungen, in die Sozialisationsprozesse eingebettet sind, zum anderen auf die sich entwickelnden Menschen, die in der Fachdebatte unterschiedlich als Subjekte, Akteure oder Individuen bezeichnet werden. Das Modell der produktiven Realitätsverarbeitung ist innerhalb der Sozialisationstheorien ein Ansatz, der genau diese Doppelorientierung beinhaltet: Der Blick auf die gesellschaftlichen Ausgangsbedingungen und auf das sich entwickelnde Individuum. Für die Propädix-Reihe ist deshalb der Versuch unternommen worden, diese Orientierung weiterzuführen und dabei insbesondere auf die pädagogischen Institutionen und die Herausforderungen der Professionalisierung im Themenfeld zu blicken.“ (Schülerband)

Eher bildungstheoretisch bestimmte fachdidaktische Ansätze (z. B. Wortmann, Beyer, Geissler) kommen in ihren Einordnungen zu anderen Ergebnissen, weil die Sorge überwiegt, dass die sozialisationstheoretische Schwerpunktsetzung unsachgemäß zu einer Überfremdung des Pädagogikunterrichts führen könnten, die im Ergebnis die Auflösung des Primats der Pädagogik beförderten. Die Frage ist also nicht ob, sondern wieviel Soziologie verträgt der Pädagogikunterricht ohne sein „Gesicht“ zu verlieren. Die Diskussion darüber wird weitergehen.

Angesichts der Thematik dieses Bandes ist es notwendig, nochmals an die Maximen dieser Reihe zu erinnern, wie sie bei der Konzeptionierung vorgegeben wurde:

Propädix ist eine Reihe für die Fächer der pädagogischen Fächergruppe (Erzichungswissenschaft(en) / Pädagogik / Sozialpädagogik / Sozialwesen / Erziehungskunde / etc.), die in loser Folge methodisch gestaltetes Material für Ihren Unterricht zur Verfügung stellen möchte. ...

Propädix bietet mehr als Einzelinformationen über zeitgemäße Erziehung und Bildung. Die Reihe ist den Grundgedanken einer aufklärerischen, emanzipatorischen Pädagogik und damit dem klassischen Bildungsgedanken verbunden. Die Bände wollen den Schüler*innen – altersstufengerecht – zu mehr pädagogischer Kompetenz und Verantwortung verhelfen. Der Name **Propädix** unterstreicht, **dass Wissenschafts- und Handlungspropädeutik zu den Grundprinzipien des Arbeitens im Pädagogikunterricht** gehören. Durch den Umgang mit den Materialien sollen primäre Aufgabenbereiche des

Faches erreicht werden: Im Sinne der Förderung der Persönlichkeitsentfaltung sowie der Studierfähigkeit entfalten die Schülerinnen und Schüler in der Auseinandersetzung mit paideutischen Aufgaben, Fragen und Problemen immer zugleich auch **allgemeine** kognitive, ethische und soziale Kompetenzen."

Propädix repräsentiert keine durchgängige, sequentiell strukturierte Schulbuchreihe für die gesamte gymnasiale Oberstufe oder die entsprechenden Bildungsgänge des Berufskollegs/der berufsbildenden Schule, sondern ein Materialangebot für Schüler*innen in unterschiedlichen Schulformen.

Propädix ist keiner fachdidaktischen Konzeption des Unterrichtsfachs Pädagogik fest verbunden. Es wird davon ausgegangen, dass die Klammer, die die verschiedenartigen Bände zusammenbindet, durch die fachdidaktische Leistung der jeweiligen Pädagogiklehrer*innen gefunden wird. Fachdidaktik bedeutet mehr als das Sahnehäubchen, das man draufsetzen kann, wenn das unterrichtliche Konstrukt bereits entstanden ist. Fachdidaktik ermöglicht sachgerechte Reduktion, stellt die Frage nach dem inneren Zusammenhalt, nach den Kompetenzanforderungen und der Legitimation unterrichtlichen Tuns. Im Umgang mit unterschiedlich strukturierten Materialien ist das Fundament einer fachdidaktischen Konzeption unverzichtbar.

Dass dies immer wieder und immer besser gelingt, wünsche ich den Kolleg*innen von München bis Hamburg; egal ob sie in einer Stadtteilschule oder einer Fachoberschule unterrichten, in einer Gesamtschule oder einem Gymnasium, einem Berufskolleg oder einer Berufsbildenden Schule.

Pädagogik als das Bildungsfach ist unverzichtbar im Konzert der Unterrichtsfächer, weil es in unvergleichlicher Weise zur Generierung von Selbstkompetenz und Sozialkompetenz anregt. Mehr Expertise zu gewinnen in einem zentralen gesellschaftlichen Handlungsfeld, dem der Pädagogik, gehört auch in der Zukunft zu den großen Herausforderungen einer guten Schule.

Mit besten Grüßen verbleibe ich als

Ihr Eckehardt Knöpfel

Wesel, im Herbst 2021

Vorwort

Das sozialisationstheoretische „Modell der produktiven Realitätsverarbeitung“ (MpR) hat eine inzwischen 40-jährige Geschichte. Es entstand in der Blütezeit der Sozialisationsforschung, die damals eine ungewöhnlich prominente Rolle im Wissenschaftsbetrieb einnahm. Besonders das Konzept der „schichtspezifischen Sozialisation“ fand eine breite Resonanz. Mit ihm konnte erklärt werden, warum Ungleichheiten sich von einer Generation zur nächsten reproduzieren und welche Schlüsselrolle dafür die soziokulturell tief verankerten Erziehungsstile in Familie und Schule einnehmen. Die Sozialisationsforschung bot einen multi-disziplinären Ansatz für das Verständnis der Persönlichkeits- und Leistungsentwicklung von Kindern und Jugendlichen in Abhängigkeit von ihrer sozialen Herkunft, an der sich maßgeblich die Disziplinen Soziologie / Gesellschaftswissenschaften, Psychologie / Psychoanalyse und Pädagogik / Erziehungswissenschaften beteiligten.

Der Ansatz war multi- aber nicht interdisziplinär. Ein Austausch der Perspektiven fand nicht statt, ein verbindlicher Dialog kam nicht zustande. Die einzelnen Fachdisziplinen verabsolutierten ihre jeweilige Sichtweise und blendeten die der anderen aus. Die Soziologie konzentrierte sich auf die soziale Determination, die Psychologie auf die innerpersonale Eigendynamik der Persönlichkeitsentwicklung. Beide Ansätze bekämpfen sich gegenseitig mit fast schon ideologisch anmutenden Argumenten. Die Pädagogik als praxisorientierte Disziplin stand hilflos dazwischen.

Ich hielt die Polarisierung zwischen den soziologischen und den psychologischen Ansätzen für völlig unergiebig und plädierte für eine gleichgewichtige Beachtung beider Ansätze und ihre Überführung in eine Synthese. Um eine tragfähige Verbindung herzustellen, bedurfte es meiner Ansicht nach eines „erkenntnisleitenden Subjektmodells“. Im Beitrag „Das Modell des produktiv realitätverarbeitenden Subjekts in der Sozialisationsforschung“ in der Zeitschrift für Sozialisationsforschung und Erziehungssoziologie (ZSE) habe ich im Jahr 1983 dieses Modell skizziert. Ich plädierte „gegen Modellvorstellungen der linearen einfaktoriellen Determination der Persönlichkeitsentwicklung, die von einer passiv-hinnehmen Prägung des Individuums entweder durch gesellschaftsstrukturelle oder durch psychophysische Faktoren ausgehen“. Ich warb für „die Vorstellung, die Persönlichkeitsentwicklung geschehe im Prozess einer Auseinandersetzung mit der inneren und der äußeren Realität, wobei jedes Individuum von Anfang an bestimmte Fähigkeiten der Realitätsverarbeitung, Problembewältigung und Realitätsveränderung besitze, einsetze und weiterentwickle“. Meine Schlussfolgerung war: „Was hier proklamiert wird, ist also ein Modell der dialektischen Beziehung zwischen Subjekt und gesellschaftlich vermittelter Realität, eines interdependenten Zusammenhangs von individueller und gesellschaftlicher Veränderung und Entwicklung. Dieses Modell stellt das menschliche Subjekt in einen sozialen und ökologischen Kontext, der subjektiv aufgenommen und verarbeitet wird, der in diesem Sinne also auf das Objekt einwirkt, aber zugleich immer auch durch das Individuum beeinflusst, verändert und gestaltet wird.“ (Hurrelmann 1983, S. 92/93)

Damit war damit den Grundstein für das meta-theoretische Modell der produktiven Realitätsverarbeitung mit seinem charakteristischen Anspruch der Einheit von Struktur- und Subjektperspektive, also der Doppelperspektive auf die inneren und die äußeren Entwicklungsimpulse der Persönlichkeit gelegt. Das Modell bildete fortan den Rahmen für ausgewählte Einzeltheorien, die sich sowohl auf die Lebensbedingungen eines Menschen als auch auf seine subjektiven Bedürfnisse und Antriebe richten, also von ganz unterschiedlichen erkenntnistheoretischen Blickwinkeln aus die Potenziale der Persönlichkeitsentwicklung erkunden.

In der ersten Ausgabe des Lehrbuches „Einführung in die Sozialisationstheorie“ habe ich diesen Ansatz dann weiter ausgebaut und Persönlichkeit definiert als „die individuelle, in Interaktion und Kommunikation mit Dingen wie mit Menschen erworbene Organisation von Merkmalen, Eigenschaften, Einstellungen, Handlungskompetenzen und Selbstwahrnehmungen eines Menschen auf der Basis der natürlichen Anlagen und als Ergebnis der Bewältigung und Entwicklungs- und Lebensaufgaben zu jedem Zeitpunkt der Lebensgeschichte.“ (Hurrelmann 1986, S. 71) Dieses Lehrbuch ist in der inzwischen 14. Auflage vorhanden und wird seit 2015 gemeinsam mit Ullrich Bauer als Ko-Autor aktualisiert und weiterentwickelt.

Ich freue mich sehr darüber, dass von Mitte der 1980er Jahren das MpR intensiven Eingang in die wissenschaftliche Fachdiskussion gefunden und anschließend auch in die Hochschulausbildung zahlreicher Professionen aufgenommen wurde. Von dort aus fand das Modell schrittweise auch seinen Eingang in die Lehrpläne von Schulen, besonders der Gymnasialen Oberstufe und berufsbezogenen Kollegstufe. Die Etablierung der damals neuen Schulfächer Pädagogik, Erziehungswissenschaft, Sozialwissenschaft, Sozialkunde, Gesellschaftskunde, Gesundheitswissenschaft und viele andere mehr haben diesen Prozess stark beschleunigt.

Der hier vorliegende Band bietet eine breite Palette von didaktischen Materialien für den schulischen Unterricht. Er knüpft an die intensiven, teilweise sehr engagierten und oft auch erfreulich kontroversen Diskussionen zur Weiterentwicklung und zur Zukunft des MpR an, die in immer mehr Lehrerkollegien geführt werden. Seit vielen Jahren nun schon ist das MpR fester Bestandteil in den erziehungswissenschaftlichen, pädagogischen und sozialwissenschaftlichen Curricula. Auch in vielen Abiturprüfungen taucht das MpR regelmäßig auf. Durch den Kontakt mit vielen Fachlehrerinnen und Fachlehrern, zunehmend aber auch ganz direkt mit Schülerinnen und Schülern vor allem in der Gymnasialen Oberstufen, erfahre ich immer wieder, wie kreativ mit dem Modell umgegangen wird, wie groß aber auch der Bedarf an gutem Material für den Unterricht ist. Die hier vorliegende Materialsammlung geht auf diesen Bedarf ein und schließt eine immer noch bestehende Lücke, damit neue Anwendungsbeispiele die Realitätsnähe und Aktualität des MpR erhalten.

In diesem Sinne wünsche ich den beiden Propädix-Bänden eine gute Resonanz und eine anhaltende Diskussion über das MpR in der Schule.

Berlin im November 2021

Klaus Hurrelmann

Literatur

Hurrelmann, K. (1983): Das Modell des produktiv realitätsverarbeitenden Subjekts in der Sozialisationsforschung, in: Zeitschrift für Sozialisationsforschung und Erziehungssoziologie, 3. Jg., H. 3, 91–103

Hurrelmann, Klaus (1986): Einführung in die Sozialisationstheorie. Über den Zusammenhang von Sozialstruktur und Persönlichkeit. Weinheim und Basel: Beltz

1. Theoretische Einführung

Ullrich Bauer: Sozialisationstheoretische Fragestellungen als Perspektive

Die Frage, wie gesellschaftliche Lebensbedingungen auf uns als gesellschaftliche Wesen wirken, stellt einen aktuellen Diskussionskontext dar. Im pädagogischen Feld erleben wir ein Revival von Fragestellungen, die mit einer sozialisationstheoretischen Perspektive verbunden werden. Dabei existieren heute viele neuartige Zugänge zum Sozialisationsthema, die aus alten Gegensätzlichkeiten ausbrechen. Dazu gehört, dass es nicht mehr nur noch um die typische Kontroverse zwischen Anlage und Umwelt geht. Sozialisationsforschung ist inzwischen reich an unterschiedlichen Impulsen, Zugängen und Themen. Die politische Instrumentalisierung des Faches ist vorüber – damit ist das Sozialisationsthema aber nicht weniger politisch.

Es ist im Umgang mit dem Gegenstand Sozialisation stets eine Herausforderung gewesen, zwischen Analyse und Kritik zu trennen. Auch, weil alle, die über Sozialisation diskutieren, immer schon selbst Expertinnen und Experten sind. Ob jung, ob alt, mit oder ohne Expertise: Wir bewegen uns alle in einer sozialen Welt, wir erleben gesellschaftliche Einflüsse, beobachten und bewerten sie. Mal sprechen wir davon, dass jemand Opfer seiner Bedingungen ist; mal, dass doch wohl jeder seines eigenen Glückes Schmied und für sich selbst verantwortlich ist. Das Verhältnis zu den gesellschaftlichen Rahmenbedingungen ist also kompliziert und vor allem dann, wenn eindeutige Wahrheiten gesucht werden, die das Verhältnis zwischen Freiheit und Determination oder Anpassung und Autonomie beschreiben können. So sehr wir als Menschen den Kontexten, in denen wir leben, ausgeliefert sind, so sehr gestalten wir sie auch. Hier gibt es wenig theoretische Vorentscheidungen, sondern nur empirische Realitäten. Es ist keine Gesinnungsfrage, ob man die sozialen Strukturen oder die in ihnen lebenden Menschen für stärker hält. Die alte Schwäche der Sozialisationsforschung, nach der es einen ewigen Streit zu geben schien, ob nun die Gesellschaft das Individuum oder das Individuum die Gesellschaft prägt, ist jetzt möglicherweise auch keine Schwäche mehr. Vielleicht ist es umgekehrt und diese Unentschiedenheit eine neue Stufe der Reflexionsfähigkeit. Es muss keine Entscheidung darüber getroffen werden, ob wir ein starkes oder ein schwaches Individuum annehmen müssen. Ebenso wenig muss eine Entscheidung darüber getroffen werden, ob eine Gesellschaft veränderbar ist oder nicht. Es ist eine empirische Frage und unsere Aufgabe ist festzustellen, ob Spielräume für die Individuen eröffnet werden – oder nicht. Findet Sozialisation in geschlossenen oder in offenen Räumen statt?

Eine sozialisationstheoretische Perspektive, die mit dieser theoretischen wie empirischen Offenheit agiert, hat spätestens mit dem Modell der produktiven Realitätsverarbeitung (MpR) Einzug in die hiesige Diskussion gehalten. Dieses wird seit rund drei Jahrzehnten auch in der schulbezogenen pädagogischen Literatur diskutiert und damit ist auch hier ein Wandel eingetreten. Zum einen wird nicht mehr in der Dichotomie von Gesellschaft und Individuum diskutiert. Zum anderen wird zwischen älterer und neuerer Literatur in der Forschung unterschieden. Die ältere beinhaltet das Gerüst der großen Namen, die gleichzeitig auch die Propädeutik sind. Wenn von Erikson, Freud, dem Marxismus, Strukturfunktionalismus oder Behaviorismus gesprochen wird, dann weiß man, dass man sich in einer über hundertjährigen Geschichte der Debatte über Sozialisation bewegt. Aber welche Bedeutung haben diese Namen und Stichworte als Anknüpfungspunkte heute? Freud ist für die pädagogische Perspektive so etwas wie Kopernikus in der Astronomie – ein Türöffner in das Innenleben des Individuums, mehr aber auch nicht. Wir können die Psychoanalyse in der Sozialisationsforschung heute kaum noch identifizieren und das Gleiche gilt natürlich auch für das lerntheoretische Modell Watsons oder das persönlichkeitstheoretische Eriksons. Diese sind wie die starken Strukturtheoretiker Marx und Parsons noch nicht in der Lage, in die Verästelungen einzusteigen, in die eine sozialisationstheoretische Perspektive führt.

Der Stand der Diskussion, an den heute angeschlossen wird, wurde das erste Mal in dem umfassenden, interdisziplinär angelegten »Handbuch der Sozialisationsforschung« zusammengefasst (Hurrelmann/Ulich 1980), das seit 2015 in der inzwischen 8. Auflage vorliegt. Die in diesem Handbuch erstmal vor über 40 Jahren vorgestellte Definition von Sozialisation als »Prozess der Entstehung und Entwicklung der Persönlichkeit in wechselseitiger Abhängigkeit von der gesellschaftlich vermittelten sozialen und materiellen Umwelt« (Geulen/Hurrelmann 1980, S. 51) fand großen Anklang und wirkt noch bis heute in der wissenschaftlichen Diskussion nach. Als diese Definition wenige Jahre später durch das »Modell des produktiv realitätsverarbeitenden Subjekts« (Hurrelmann 1983) ergänzt wurde, lag eine erkenntnisleitende Heuristik (also eine Matrix des wissenschaftlichen Denkens) vor, die Raum für die Berücksichtigung der Bedeutung des Subjektiven ließ. Ihr Credo war: Wenn das gesamte Gesellschaftliche und seine Dynamiken begriffen werden soll, muss der Blick auch auf das Individuum fallen.

Das MpR verleiht dieser Stoßrichtung durch den definitorischen Zugriff Rückhalt. Dieser beinhaltet, dass Sozialisation zuallererst einen Interaktionsprozess bezeichnet, der das gesamte Leben erfasst und die Beziehung zwischen der sich entwickelnden Persönlichkeit und den umgebenden sozialen und materiellen Strukturen einschließt. Aus dieser Perspektive wird die Persönlichkeitsentwicklung als eine ständige Interaktion zwischen dem Individuum und den umgebenden gesellschaftlichen Bedingungen verstanden. Diese Interaktionserfahrungen werden aktiv und produktiv verarbeitet und dabei sowohl mit den inneren körperlichen und psychischen als auch mit den äußeren sozialen und physischen Gegebenheiten austariert.

Mit dieser Herangehensweise des MpR wurde das erste Mal versucht, die Gräben zwischen den Disziplinen und theoretischen Festlegungen zu überbrücken und eine umfassendere Sichtweise auf Sozialisation zu entwickeln. Es ging darum, Vorstellungen der gesellschaftlichen Determination der Persönlichkeitsentwicklung ebenso zu überwinden wie solche der naturgesetzlich bestimmten organischen und psychischen Reifung. Auf diese Weise wurde eine interdisziplinäre Sichtweise von Sozialisation begründet, die sich an einer über den Einzeltheorien angesiedelten Konzeption orientiert. Dieser Ansatz ist bis heute aktuell und findet Eingang in die Biografieforschung, die Kindheits- und Jugendforschung sowie die Bildungs- oder Familienforschung. Im Laufe der Jahre ist die biologische Seite der Sozialisation sogar stärker als zuvor in der neurowissenschaftlichen Debatte oder der Genetik verhandelt worden. Durch diese Ergänzungen und Verbreiterungen im Diskurs hat die interdisziplinäre Sichtweise von Sozialisation laufend Zugewinne gemacht. Damit hat auch das MpR viele Anpassungen vorgenommen und neuere Erkenntnisse integriert.

Wie sich das MpR entwickelt hat und welche Herausforderungen dieses Denken für das professionelle Handeln in pädagogischen Institutionen ergibt, wollen wir in einer kleinen Reihe von Texten zur Diskussion um das MpR ausbreiten. Diese wurden als „Kontroverse" im Jahr 2020 in der Zeitschrift Pädagogik-UNTERRICHT veröffentlicht und sind hier wiederabgedruckt.

Text 1

Ullrich Bauer: Das Modell der produktiven Realitätsverarbeitung

Der folgende Beitrag basiert auf einem Vortrag anlässlich des 39. Pädagogiklehrer*innentages in Essen. Dieser Vortrag stellte die überarbeitete 14. Auflage des »Modells der produktiven Realitätsverarbeitung« (MpR) vor, die im Jahr 2021 erscheinen wird. Das MpR wurde in Buchform zum ersten Mal im Jahr 1986 von Klaus Hurrelmann in der »Einführung in die Sozialisationstheorie« vorgestellt. Diese erste Auflage vermittelte einen systematischen Überblick über das damals noch sehr junge Gebiet der Sozialisationsforschung. Es hatte sich in den 1960er und 1970er Jahren sehr schnell entwickelt und war durch ein breites, kontroverses Spektrum von theoretischen Ansätzen gekennzeichnet. Die »Einführung in die Sozialisationstheorie« hat hier erstmals eine systematische und theorieintegrative Formulierung des Sozialisationsdenkens angeboten. Das Buch hat eine beständig hohe Nachfrage produziert, die zu einer ebenfalls kontinuierlichen Bearbeitung geführt hat. Seit der 11. Auflage im Jahr 2015 wurde das MpR das erste Mal in doppelter Autorenschaft publiziert und nicht mehr alleine von Klaus Hurrelmann, sondern auch von mir mitverantwortet. Diese Zusammenarbeit wurde für die vollständig überarbeitete 14. Auflage noch einmal vertieft. Es wurde eine Aktualisierung des Forschungsstandes vorgenommen und gleichzeitig darauf geachtet, dass der Charakter als Lehrbuch erhalten bleibt. Diese aktuelle Fassung wird hier überblicksartig vorgestellt. Der Text basiert auf unserer Buchfassung, zitiert daraus, paraphrasiert und gibt viele Ideen in komprimierter Form wieder. Der Überblick konzentriert sich vor allem auf die Überarbeitung der zehn Thesen des MpR. Dabei sind die Thesen aktualisiert, einige erweitert oder leicht verändert und die zehnte These vollständig neu entwickelt worden. Im Beitrag wird vielfach die »Wir«-Formulierung verwendet, weil die Erörterungen zum MpR auf der gemeinsamen Autorenschaft basieren.

Was meint »Sozialisation«?

Sozialisation ist als Fachbegriff facettenreich, weil er doppeldeutig verwendet wird. Sozialisation heißt, sozialisiert zu werden und in gewisser Hinsicht auch, sich selbst zu sozialisieren. Es ist ein Prozess, der von „außen" auf das Individuum einwirkt und der „innen" vom Individuum selbst gesteuert wird. Es scheint, als müsse man sich entscheiden für die Frage der Sozialisation von außen oder von innen. Tatsächlich aber ist es anders herum. So verschieden die Perspektiven auf Sozialisation auch sind, sie gehören zusammen und sind so etwas wie die zwei Seiten einer Medaille. Das wissenschaftliche Fachverständnis ist hier vom Alltagsverständnis nicht weit entfernt. Redewendungen wie »Dieses Kind ist gut sozialisiert« oder »Da merkt man deine Herkunft« weisen darauf hin, worauf der Begriff in erster Linie abzielt: auf die Anpassung an die soziale Umwelt, auf das »So-werden-wie-mein-Umfeld-es-von-mir-erwartet«, also den Prozess des *Gesellschaftlich-werdens*. Die Alltagssprache weiß aber auch, dass ein Kind »seine Sozialisation hinter sich lassen« und jeder Mensch »aus dem Schatten seiner Herkunft heraustreten« kann. In das *Sozial-werden* fließt also immer auch eine eigenständige Persönlichkeit ein, das sich Umwelteinflüssen in einem gewissen Ausmaß entzieht und sogar aktiv auf die Entwicklung der Umwelt Einfluss nimmt. Ein Beispiel aus dem Alltag, das wir so wortwörtlich auch in unserem Buch verwenden, soll hier illustrieren.

Ein 17-jähriger Jugendlicher wartet um 22.30 Uhr im U-Bahnhof im Zentrum einer Großstadt auf seinen Anschluss. Jemand tippt ihm von hinten auf die Schulter. Wie reagiert er darauf? Seine Reaktion wird von seiner biografischen Erfahrung und von seiner Wahrnehmung der Situation abhängen. Situativ: Er kann schlechte Laune (nach langer Arbeit und einer missratenden Prüfung am Vormittag) oder gute Laune (nach einem gemeinsamen Shopping mit Freunden) haben und entsprechend offen oder nicht-offen sein für die Frage, die das Tippen auf der Schulter signalisiert. Biografisch: Er kann aus einem Umfeld stammen, in dem er viel Aggression erlebt, das ihn deshalb disponiert, auf eine Bewegung von hinten, die direkt seinen Körper adressiert, sofort zu reagieren, herumzuschnellen und eine Abwehr- oder Angriffsgeste einzusetzen. Er kann aber auch schlechte Erfahrungen mit dieser Reaktion gemacht haben und sich deshalb entscheiden, keine Gewalt einzusetzen. Er kann die Erwartung haben, eine aggressive Handlung könne folgen, er hat sich aber vorher selbst entschlossen, dieser Dynamik zu widerstehen. Im Gedankenexperiment kann die 17-jährige Jugendliche auch eine junge Violinistin sein, die gerade von Ensemble-Proben kommt und die manifeste Idee der Gewalt oder Gegengewalt gar nicht in ihrem Handlungsvorrat hat und völlig defensiv reagiert. Oder eine überzeugte Gläubige ist, die aufgrund einer intensiven religiösen Bindung jegliche Gewalt von sich weist.

Mit den situativen und biografischen Hintergründen sind in diesem Beispiel zwei der Einflüsse benannt, die zum Bedingungsgefüge gehören, das die Reaktionsmöglichkeiten eines Menschen in einer bestimmten Situation festlegt. Auch die Geschlechts- und die Religionszugehörigkeit bezeichnen Faktoren, die auf unterschiedliche Weise auf gemeinsame Einstellungen verweisen. Wie das Beispiel deutlich macht, hängt die Reaktion des 17-jährigen Jugendlichen auf das Fingertippen von hinten von diesen Einflüssen ab. Sie entscheiden über die Hinwendung zu bestimmen Handlungen und können dabei mehr oder weniger unbewusst und unreflektiert sein, also Bestandteil von fest »einsozialisierten« Reaktionsmustern. Ein weiterer Aspekt, der über die Reaktionsweisen entscheidet, betrifft die sozial-räumlichen Bedingungen. Mit diesen sind in unserem U-Bahn-Beispiel *kontextuelle* und *kompositorische* Einflüsse verbunden. Kontextuelle Faktoren betreffen die Ausstattung des Raumes, so die Lage des Bahnhofes im Stadtviertel und die Menge der Menschen, die in der Handlungssituation anwesend sind. Kompositorische Faktoren bezeichnen die Zusammensetzung der Gruppe der Menschen, die mit an einem Bahngleis steht. Die Reaktion wird entscheidend dadurch beeinflusst, ob unsere vorgestellte Person mit einer Freundesgruppe auf die U-Bahn wartet, mit der er oder sie eng vertraut ist und die im Falle eines Konfliktes den Rücken stärken kann, oder ob sie allein ist und der Fingertipper zu einer großen Gruppe unbekannter Jugendlicher gehört. Oder ob der Finger, der auf die Schulter tippt, einer älteren Dame gehört, die sich verlaufen hat, umherirrt und nicht mehr weiß, wie sie nach Hause kommt.

Wie das Beispiel zeigt, kommen in einer solchen nur Bruchteile von Sekunden dauernden Situation biografische, gruppenbezogene und sozial-räumliche Faktoren zusammen. Es interagieren die persönlichen Bedingungsfaktoren des Individuums mit der gesamten räumlichen und sozialen Umwelt. Dazu gehört die Person des Fingertippers, aber auch das gesamte Umfeld als Rahmenbedingungen der Handlungssituation. Die 17-jährige Jugendliche nimmt blitzschnell die Realität auf, verarbeitet sie und reagiert auf sie. Das Gleiche tut aber auch der Fingertipper. Beide interagieren miteinander und antworten auf die Reaktionen des anderen. Dabei rufen beide einen Wissens- und Handlungsvorrat ab, der ihnen aus ihrem bisherigen Leben vertraut ist. Die 17-jährige Jugendliche zeigt vielleicht ein verärgertes Gesicht und spricht laut, wenn sie einen aggressiven Unbekannten vor sich sieht, lacht freundlich und spricht langsam und fürsorglich, wenn sie die alte Dame sieht. Dies alles gehört zu dem Ausschnitt einer Sozialisationsperspektive. Sozialisation findet nicht allein im Individuum statt und ist auch nicht allein abhängig von den Bedingungen, in denen wir handeln oder von denen wir vorgeprägt sind. In der Interaktion aktualisiert sich unser Handlungswissen, wir greifen auf Sprache, Erfahrungen im Umgang mit älteren Menschen und die ihnen zustehende Fürsorglichkeit zurück, und wir bestätigen damit die Anwendbarkeit bestimmter Verhaltensweisen. Und gleichzeitig ziehen wir Lehren aus jeder neuen Situation und bereiten uns darauf vor, besser zu reagieren, wenn wir noch einmal in eine ähnliche Lage kommen.

Das MpR in sozialisationstheoretischer Perspektive

Das Beispiel der Verknüpfung von Handlungswissen, Routinen, Kontexten und Interaktionsdynamiken zeigt eines deutlich: Es ist wohl unmöglich, dass wir das, was Menschen tun, allein aus dem ableiten, was wir über den Menschen, den Handlungskontext oder seine Lebensumstände wissen. Wir müssen die unterschiedlichen Analyseeinheiten ins Verhältnis setzen. Das MpR geht daher von einer dynamischen Entwicklung der menschlichen Persönlichkeit aus, eine Entwicklung, in der die unterschiedlichen Analyseeinheiten miteinander ständig interagieren. Unsere Lebensumstände sind also selten so zwingend, dass sie immer nur auf eine Art und Weise wirken. Die Interaktionsstrukturen zwischen einer sich ständig entwickelnden Persönlichkeit und den umgebenden sozialen Strukturen lassen es allenfalls zu, dass die Entwicklung einer bestimmten individuellen Disposition (als typischer und stabiler Eigenschaft einer Person) mehr oder weniger wahrscheinlich angenommen werden kann. Solche *probabilistischen* (also auf Wahrscheinlichkeiten zielende) Aussagen sind aber wohlgemerkt keine Festlegungen. Hiergegen sprechen die prinzipielle Entwicklungsoffenheit und damit ein spezifisch menschlicher Faktor der Persönlichkeitsentwicklung. Denn: Schon kleine Unterschiede in den Lebensbedingungen einer Person können einen Reflexionsvorgang in Gang setzen, die die Person von den Selbstverständlichkeiten ihrer Lebensführung „entfremdet". Sozialisation hat viel mit diesen Prozessen zu tun, in denen Lebensbedingungen nicht nur eine bestimmte Prägewirkung auf die Person ausüben, sondern mitunter auch einen Stimulus aussenden, sich von diesen Lebensbedingungen zu befreien. Sozialisation bezeichnet nach dieser Annäherung einen Interaktionsprozess, der das gesamte Leben erfasst und die Beziehung zwischen der sich entwickelnden Persönlichkeit und den umgebenden sozialen und materiellen Strukturen einschließt. Aus dieser Perspektive wird die Persönlichkeitsentwicklung als eine ständige Interaktion zwischen dem Individuum und den umgebenden gesellschaftlichen Bedingungen verstanden. Diese Interaktionserfahrungen werden aktiv und produktiv verarbeitet und dabei sowohl mit den inneren körperlichen und psychischen als auch mit den äußeren sozialen und physischen Gegebenheiten austariert.

Die Verbindung der Basistheorien

Die Entwicklung der Sozialisationstheorien ist an eine inzwischen über einhundertjährige Geschichte des Themas Sozialisation gekoppelt. Hierzu haben Dutzende Wissenschaftlerinnen und Wissenschaftler beigetragen. Zahlreiche dieser Theorien haben sich monodisziplinär entwickelt, in einigen Entwicklungen der Fachdebatte zeigen sich aber auch die Spuren eines regen interdisziplinären Austausches. Die soziologische Diskussion bietet im ausgehenden 19. Jahrhundert bis heute den größten Antrieb, das Thema zu bearbeiten. Zunächst waren es die Theorien von Georg Simmel und Émile Durkheim, die auf die Integration des Menschen in die soziale Ordnung der Gesellschaft, auf die »Vergesellschaftung der menschlichen Natur«, ausgerichtet waren. Alle nachfolgenden soziologischen Theorien haben hingegen den Schwerpunkt der wissenschaftlichen Analyse auf das Wechselspiel von Individuum und Gesellschaft und das spannungsreiche Ausgleichen von individuellen Bedürfnissen der Identitätssicherung einerseits und sozialen Integrationsanforderungen andererseits verschoben. Es bedurfte also einer Übergangs- und Entwicklungszeit, bis sich entsprechende Denk- und Theoriemuster in der Debatte durchgesetzt haben. Der interaktionistische Ansatz George Herbert Meads mit seiner Vorstellung vom Menschen als schöpferischem Gestalter seiner sozialen Lebenswelt war für diese Sichtweise bereits wegweisend. Auch Talcott Parsons schlägt mit seinem Konzept der gegenseitigen Durchdringung der Systeme Organismus, Person und Gesellschaft eine solche interaktionistische Richtung ein

Von heute aus betrachtet entwirft der soziologische Fachdiskurs das komplexe Bild eines Sozialisationsprozesses, in dem Sozialisation nicht ein Prozess ist, durch den heranwachsende Individuen befähigt werden, gesellschaftliche Anforderungen an ihr Handeln zu erfüllen, sondern immer schon als Persönlichkeit aktiv werden. Die neuere englischsprachige Kindheitsforschung macht diesen Standpunkt besonders stark. Sie bezeichnet Kinder als «Beings» (als bereits «Agierende») und nicht als «Becomings» (also nur als «Werdende»). Fast alle neueren Theorien betonen die Eigenleistungen des menschlichen Subjekts bei der Persönlichkeitsentwicklung und Individuation. Sie versuchen, die Mechanismen zu identifizieren, über die äußere, gesellschaftliche Einflüsse auf innere, persönliche Merkmale und Strukturen einwirken. Der prominenteste Ansatz in dieser Hinsicht ist der des Soziologen

Pierre Bourdieu. Bourdieu vertritt zwar immer noch eine Position, die deutlich macht, dass es einen langen Arm der sozialen Strukturen gibt. Es ist aber ein Arm, der sich verselbstständigt und die soziale Welt nicht nur reproduziert, sondern auch permanent flexibel und dynamisch agiert. Bourdieu verwendet für diese Vorstellung einer werdenden Persönlichkeit den Fachbegriff »Habitus«. Der Habitus basiert darauf, dass Erfahrungen das Futter für die Ausbildung jener kognitiven Instrumente darstellen, die der Mensch zur Welterschließung benötigt. Bourdieu spricht hier von den Wahrnehmungs-, Denk- und Handlungsschemata des Menschen, die sich in seinem Habitus niederschlagen. Der Habitus beinhaltet also das Weiterwirken der Umwelt in den Denkwerkzeugen eines Menschen und gleichzeitig die Fähigkeit, kreativ und innovativ die eigene Entwicklung zu steuern.

In der Psychologie ist das Sozialisationsthema selten terminologisch explizit, dafür aber in fast allen Grundlagentheorien der Entwicklungs-, Lern- und Persönlichkeitspsychologie implizit vorhanden. Auch in der Psychologie existiert eine ältere Perspektive der dominierenden gesellschaftlichen Strukturen, die die Lern- und Entwicklungsvorgänge strukturieren und damit die Persönlichkeit determinieren (so in den Ansätzen Sigmund Freuds und der Vertreter*innen des Behaviorismus). Erst die weitere Entwicklung im Fachdiskurs öffnete eine solche sehr enge Perspektive. Persönlichkeitstheorien, etwa die von Erik Erikson, verweisen wie die Entwicklungs- und Lerntheorien von Richard Lerner und Urie Bronfenbrenner neben den sozialen und kulturellen Erwartungen, die an einen Menschen gerichtet werden, auf die Eigenleistungen der Subjekte. Den Durchbruch erreichen die kognitiven Lerntheorien. Albert Banduras und Jean Piagets Zugänge bedeuten für die Psychologie einen Paradigmenwechsel. Die generelle Vorstellung der Prägewirkung durch Umweltbedingungen, die bis in die 1960er Jahre hinein dominierte, wird seitdem mehr und mehr zurückgedrängt. Mit der Zurückweisung einer lediglich passiven Subjektivität entwickelt sich auch in der Sozialisationsforschung eine anti-deterministische (also eine gegen die Vorstellung der Dominanz sozialer Strukturen gerichtete) Tendenz.

Die zehn Thesen des MpR

Das MpR, das auf dieser Entwicklung der Basistheorien aufbaut, ist in zehn Thesen eingekleidet. Diese haben sich über die Jahrzehnte immer wieder leicht gewandelt und liegen auch in der neuen Auflage aktualisiert, überarbeitet und in einer veränderten Form vor. Die Thesen beleuchten unterschiedliche Ebenen der Modellbildung, sie sind theorie- und forschungsbezogen und wollen so umfassend wie möglich den Gegenstandsbereich Sozialisation ausfüllen. Im Folgenden werden diese Bereiche und die dazugehörigen zehn Thesen des MpR stichwortartig vorgestellt.

Erkenntnistheoretische und konzeptionelle Grundannahmen (Thesen 1 und 2)

Zu den Basisannahmen des MpR gehört, dass Sozialisation als ein Interaktionsprozess definiert wird, der das gesamte Leben erfasst und die Beziehung zwischen der sich entwickelnden Persönlichkeit, den organismischen und ererbten Strukturen sowie den umgebenden sozialen und materiellen Strukturen, ihrer Prägungs- Ermöglichungs- und Verhinderungstendenz, einschließt. Im Kern bezeichnet Sozialisation damit die Persönlichkeitsentwicklung als eine ständige Interaktion zwischen dem Individuum und den umgebenden gesellschaftlichen Bedingungen. Diese Interaktionserfahrungen werden aktiv und produktiv verarbeitet und dabei sowohl mit den inneren körperlichen und psychischen als auch mit den äußeren sozialen und physischen Gegebenheiten vermittelt. Die erste **These zum Verhältnis von innerer und äußerer Realität** umfasst genau dieses Verständnis von produktiver Verarbeitung der inneren Realität von körperlichen und psychischen Dispositionen und der äußeren Realität aus sozialer und physisch-räumlicher Umwelt. Der Blick auf die innere Realität hat dabei in den vergangenen Jahren vor allem die Erkenntnisse der Genetik, Epigenetik und Neurowissenschaften aktuell werden lassen. Lange Zeit hatte die Sozialisationsforschung befürchtet, die Neurobiologie würde einseitig die genetische Komponente betonen und die Persönlichkeitsentwicklung ausschließlich als eine Entfaltung angeborener Anlagen erklären wollen. Man sah sich mit der naturwissenschaftlichen Herangehensweise in einem Konkurrenzverhältnis und hatte die Sorge, Neuro- und Hirnforschung könnten Belege für die innerorganische Determination von Persönlichkeitsmerkmalen erarbeiten, die Umwelteffekte als unbedeutend erscheinen ließen. Diese Sorge erweist sich heute als unberechtigt. Die neurobiologischen Ansätze liefern interessante

Befunde zur Wechselbeziehung von Anlage und Umwelt. Sie zeigen, wie eng genetische Dispositionen und soziale Umweltfaktoren zusammenwirken und sich gegenseitig beeinflussen. In kaum einem Ansatz der Neuroforschung wird die sozial bedingte Beeinflussung und Ausprägung der Persönlichkeitsstruktur eines Menschen infrage gestellt.

Der Begriff »produktive Verarbeitung« drückt aus, dass es sich bei der Auseinandersetzung mit der inneren und äußeren Realität um einen aktiven Prozess handelt, in dem der einzelne Mensch eine individuelle, den eigenen Voraussetzungen und Bedürfnissen angemessene Form wählt. Die zweite **These zur Produktion der eigenen Persönlichkeit** hebt daher darauf ab, dass Menschen als Produzentinnen und Produzenten ihrer eigenen Entwicklung angesehen werden, weil sie von der frühesten Entwicklung als Säugling und als Kleinkind an, über das Jugendalter und das Erwachsenenalter hinweg bis ins hohe Alter hinein eine Verarbeitung der inneren und äußeren Realität vornehmen, die ihren individuellen Merkmalen, Fähigkeiten und verfügbaren Ressourcen entspricht. Die Verarbeitung ist »produktiv«, weil sie sich aus der jeweils individuell besonderen Auseinandersetzung mit den inneren und äußeren Bedingungen ergibt. Für die aktuelle Einordnung der zweiten These des MpR sind heute viele neue Theoriestänge relevant. Hierzu gehören u. a. die Selbstbestimmungstheorie der Motivation (im Englischen „Self-Determination Theory"), die als eine neue Lern- und Motivationstheorie anzusehen ist. Eine weitere Ergänzung in der Theorieentwicklung des kognitiven Paradigmas sind die Arbeiten zum Thema «Agency». Agency bezeichnet im Englischen das Handlungszentrum eines Menschen. In der psychologischen Debatte ist Agency als Fachterminus entwickelt worden, um die Bedeutung personengebundener Fähigkeiten der Informationsverarbeitung, des Wissensaufbaus und der Verhaltenssteuerung zu beschreiben. In diesen Kontext gehört auch das dynamisch-interaktionistische Modell der Entwicklung, das ebenfalls aus der Psychologie stammt.

Produktive Realitätsverarbeitung im Lebenslauf (Thesen 3 bis 5)

Die dritte, vierte und fünfte These beinhalten eine Konkretisierung und erste empirische Annäherung zum Gegenstand Sozialisation. In diesem Kontext wird schwerpunktartig eine lebenslaufspezifische Perspektive eingenommen, die der Maxime folgt, dass Sozialisation als ein lebenslanger Prozess der Interaktion mit inneren und äußeren Anforderungen angesehen wird. Die dritte **These zur Bewältigung lebenslaufspezifischer Anforderungen der Realitätsverarbeitung** fokussiert entsprechend darauf, dass in jedem Lebensabschnitt Erwartungen an die Verarbeitung der Realität vorhanden sind, die gesellschaftlich mehrheitlich akzeptiert werden und als Normen der Entwicklung gelten. Im Lebenslauf kommt es damit zu einer ständigen Konfrontation mit neuen Situationen, die jeweils mit angemessenen Formen des Handelns bewältigt werden müssen.

Die vierte **These zur Bildung der Ich-Identität** verstärkt die Orientierung auf einige Aspekte der Bewältigung lebenslaufspezifischer Anforderungen der Realitätsverarbeitung. Sie fokussiert darauf, dass die Fähigkeit eines Individuums erwartet wird, den Ausgleich der Spannungen zwischen persönlicher Individuation und sozialer Integration vorzunehmen. Diese Fähigkeit, die sich im Aufbau einer Ich-Identität ausdrückt, beinhaltet die hohe Bedeutung von Belastungen und Spannungen im Lebenslauf. Werden lebenslaufspezifische Anforderungen der Realitätsverarbeitung nicht bewältigt, ist der Aufbau der Ich-Identität gefährdet oder sogar unmöglich. Von der Ich-Identität eines Menschen ist zu sprechen, wenn über verschiedene Entwicklungs- und Lebensphasen hinweg eine Kontinuität des Selbsterlebens auf der Grundlage eines positiv gefärbten Selbstwertgefühls und des Empfindens einer Selbstwirksamkeit gegeben ist. Heute werden diese Annahmen durch mannigfaltige Erkenntnisse der Stress- und Bewältigungsforschung bestätigt. Hinzu treten Befunde aus der Forschung zu kritischen Lebensereignissen, die deutlich machen, wie zum Beispiel der unerwartete Verlust einer wichtigen Bezugsperson, Trennung oder Scheidung der Eltern, das plötzliche Eintreten einer schweren Krankheit oder eines Unfalls die Bewältigungsmuster und den Aufbau einer stabilen Identität erschweren.

Die fünfte **These zur Persönlichkeitsentwicklung im Lebenslauf** hebt darauf ab, dass sich in jedem Lebensabschnitt unterschiedliche Anforderungen an die Verarbeitung der Realität ergeben, die an die Veränderungen der inneren und äußeren Realität gekoppelt sind. Vor alldem durch sich verändernde ökonomische, politische, soziale und kulturelle Bedingungen stehen Menschen in den jeweiligen Lebensphasen vor der Herausforderung, ihren biografischen und gesellschaftlichen Standort zu akzeptieren oder neu zu definieren. Durch die Verlängerung der Lebensdauer und die heute typischen Anforderung der individualisierten Lebensführung stehen steigende biografische Freiheitsgrade den Individuierungszwängen gegenüber, die auch in den Bereich außerhalb von Beruf und Qualifikation einen wettbewerblichen Charakter übertragen. Deswegen ist die Persönlichkeitsentwicklung trotz der elementaren Fundierung, die sie in Kindheit und Jugendalter erfährt, nie abgeschlossen, sondern befindet sich in mehr oder weniger großen Schüben ständig im Fluss.

Kontexte der Sozialisation (Thesen 6 bis 9)

Der zentrale Bereich, in dem die Sozialisationsforschung wahrgenommen wird, ist bis heute die Analyse von Kontexten der Sozialisation. Als Kontexte werden soziale, symbolische und immaterielle Räume verstanden, in denen Menschen agieren. Urie Bronfenbrenners sozial-ökologisches Analysesystem ist bis heute das bekannteste Beispiel für die Unterscheidung von System- als Kontextbezüge im Prozess der Sozialisation. Die Abbildung zeigt diese Verschachtelung unterschiedlicher Kontextbezüge an, wobei entscheidend ist, dass sich die Ebenen nicht nur nachbarschaftlich begegnen, sondern durch Bezüge des Einschlusses und der Rahmung interagieren.

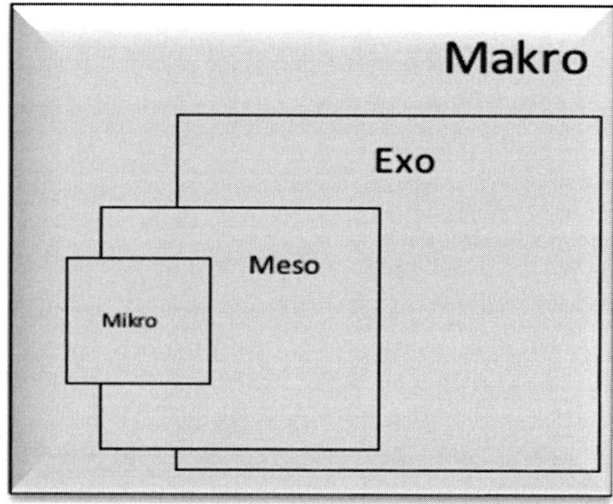

Urie Bronfenbrenners sozial-ökologisches Bezugssystem (eigene Darstellung).

Bronfenbrenners Modellvorstellung lässt sich sehr einfach auf die Analyse von Sozialisationskontexten übertragen. In hoch entwickelten Gesellschaften entsteht ein breites Spektrum gesellschaftlicher Kontexte, in denen Menschen leben und Erfahrungen machen. Die meisten dieser Kontexte sind in Form von sozialen Organisationen verfasst, die nach spezifischen Regeln und Verfahrensweisen operieren. Mit dieser sozialen Differenzierung verlagern und verbreitern sich die Sozialisationseffekte, denn immer mehr ursprünglich nicht für die Sozialisation entstandene soziale Systeme üben Einfluss auf die Persönlichkeitsentwicklung der Menschen aus, die sich längere Zeit in ihnen aufhalten und mit ihnen in Kontakt kommen.

Die sechste **These zur Bedeutung der Familie für die Sozialisation** hebt auf diese Prägewirkung durch Kontexte auf der Mikroebene ab. Als primärer und wichtigster Sozialisationskontext fungieren in den meisten Kulturkreisen die Familien. Sie agieren seit Jahrhunderten als die einflussreichsten Vermittler der äußeren Realität. Sie werden oft als »primäre Sozialisationsinstanz« bezeichnet, da sie für die meisten Menschen die erste und wichtigste soziale Umwelt bilden. Wie in einem Mikrokosmos spiegeln sich in einer Familie von früher Kindheit an soziale, kulturelle und ökonomische Lebensbedingungen, die auf die Persönlichkeitsentwicklung einwirken und frühe Formen der Realitätsverarbeitung rahmen. Dabei ist ein Hauptmerkmal der gesellschaftlichen Veränderungen seit dem 19. Jahrhundert die Aufgliederung eines ursprünglich zusammenhängenden, umfassenden sozialen Systems mit verschiedensten Funktionen in verschiedene neue, funktional spezialisierte Systeme. Vor und während der Industrialisierung waren Familien ökonomische und praktische Zweckbündnisse, die ihren Mitgliedern alle Lebensfunktionen bis hin zu Sicherheit und Schutz boten. In den vergangenen Jahrzehnten entstand eine breite Vielfalt verschiedener Ausprägungen und Formen von Familien. Diese reichten von der Ein-Eltern-Familie über die Familie mit zwei berufstätigen Eltern, neu zusammengesetzten Familienteilen bis hin zur Familie mit homosexuellen Eltern. Zudem haben sich die Erziehungsstile mehrheitlich demokratisiert, obwohl wir immer noch eine große Spannbreite zwischen autoritären und Laissez-faire Erziehungsmentalitäten ausmachen können.

Die siebte **These zur Bedeutung der Bildungsinstitutionen** fokussiert auf die darüber liegende Ebene der so bezeichneten sekundären Sozialisationsinstanzen, die über den Mikrobereich der Familie hinaus gehen. Bildungsinstitutionen besitzen zum einen eine Qualifikationsfunktion, zum anderen eine Selektions- (Auslese) und Allokationsfunktion (Statuszuweisung). Durch Bildungsprozesse werden sozial ungleiche Chancen legitimiert und Schülerinnen und Schüler bauen ein Selbstkonzept auf, das auf den Bewertungen von Bildungsinstitutionen basiert. Von immer größerer Bedeutung werden sekundäre Sozialisationsinstanzen und -kontexte, darunter öffentliche Erziehungs- und Bildungsinstitutionen wie Kindertagesstätten, Horte, Schulen, Ausbildungseinrichtungen, Hochschulen, sozialpädagogische Institutionen sowie Einrichtungen der beruflichen Aus- und Weiterbildung, die eigens zu diesem Zweck etabliert wurden. Während in der Sozialisationsinstanz Familie Mütter und Väter als »Laienerzieher« tätig sind, arbeiten im Bildungssystem Pädagog*innen, die sich professionell der Erziehung und Bildung widmen. Dabei ist zusätzlich zu beachten, dass der deutsche Sonderweg im Bildungssystem nachwirkt. Vor allem im internationalen Vergleich fällt auf, dass in Deutschland ein immer noch konservatives Wohlfahrtsstaatsdenken nachwirkt, das traditionell wenig Bildungsinvestitionen vornimmt und wenig auf Chancengleichheit setzt.

Im Unterschied dazu sind die alltäglichen Lebenswelten differenzierter. Sie bilden einen Ort der Interaktion, die bestimmte Ziele verfolgen kann, gleichzeitig aber auch der Entspannung, der ungerichteten Vergesellschaftung. Die achte **These zur Bedeutung der alltäglichen Lebenswelt für die Sozialisation** hebt darauf ab, dass neben den primären und sekundären Sozialisationsinstanzen ein breites Spektrum von sozialen Systemen existiert, deren wesentliche gesellschaftliche Funktion nicht in Erziehung, Bildung und Qualifizierung besteht. Auch informelle Kontexte wie die intime Partnerschaft, der Freundes- und Bekanntenkreis und andere, zumeist frei gewählte Lebenswelten gehören dazu. Sie bilden den Alltag der Menschen ab und sind gerade dadurch, dass kein offenkundiges Ziel verfolgt wird, sozialisationswirksam. Sie bilden die Wirklichkeit der Lebensrealität ab, weil sie so erscheinen, als ob sie nicht anders sein könnten. Menschen leiten aus ihren alltäglichen Erfahrungen Handlungswissen ab, verleihen ihrem Alltag Sinn und sind dadurch in der Lage, sich an ihre Lebensrealitäten zu adaptieren (also anzupassen). Zwei Beispiele hierzu: Die Ordnung der Geschlechter basiert wie kaum eine andere Unterscheidung der alltäglichen Lebenswelten auf Erfahrungen im Prozess der Sozialisation. Menschen lernen von Beginn an die unterschiedlichen Rollenbilder in ihrem Umfeld und die damit verbundenen Erwartungen an sich selbst und ihre Entwicklung. Sich selbst als Frau oder als Mann zu sozialisieren, wird als eine Selbstverständlichkeit erachtet. Noch vor einer Generation wäre unvorstellbar gewesen, was heute für Jugendliche eine Selbstverständlichkeit ist: die Infragestellung enger geschlechtlicher Zuordnungen und die Möglichkeit, Geschlechtsidentitäten aufzubrechen oder neue Identitäten zu leben. Die Rolle neuer digitaler Medien ist ein anderes Beispiel, das zeigt, wie schnell sich Entwicklungen Bahn brechen, wenn der Erfahrungshorizont keine Alternativen zulässt. Junge Menschen wachsen heute selbstverständlich mit den digitalen Medien auf. Der Verzicht auf sie, den »Erwachsene« häufig verlangen, bedeutet für sie den Verzicht auf eine Lebenswelt, die für sie so selbstverständlich ist wie der Rekurs auf eine analoge Erfahrungswelt unverständlich.

Die neunte **These zur Bedeutung intersektionaler Ungleichheiten** ist der Rekurs darauf, dass auch hochentwickelte Gesellschaften durch ein großes Ausmaß an ökonomischer, sozialer und kulturell-symbolischer Ungleichheiten gekennzeichnet sind. Dadurch kommt es zu Unterschieden in den Sozialisationsprozessen der Bevölkerungsgruppen mit einem hohen und einem niedrigen sozioökonomischen Status. Menschen, die in privilegierenden Kontexten leben, steht in ihrer alltäglichen Lebenswelt von Geburt an ein reichhaltigeres Ausmaß an personalen und sozialen Ressourcen zur Verfügung als

Menschen, die in einem benachteiligenden Kontext leben. Auf diese Weise kommt es zu einer lebenslang andauernden ungleichen Verteilung von Lebenschancen. In der Sozialisationsforschung hat die Forschung zu der Produktion und Reproduktion sozialer Ungleichheiten eine lange Tradition. Am Bekanntesten ist die schichtspezifische Sozialisationsforschung. Sie ist vor 50 Jahren ein Kernthema der Sozialisationsforschung gewesen und ein international wie interdisziplinär verfolgter Forschungsstrang. Heute geht die Frage der Ungleichheitsreproduktion weit über die Frage ökonomischer Verteilungsungleichheiten hinaus. Der Fachbegriff der Intersektionalität (im Englischen »intersectionality«) ist in dieser Hinsicht ein wesentlich neues Element in der Debatte. Er bezeichnet die Überschneidung von unterschiedlichen Benachteiligungs- oder Diskriminierungsformen. Hierzu gehören das Vermögen, der Bildungsgrad, die ethnisch-kulturelle und geschlechtliche Heterogenität sowie Beeinträchtigungen durch Behinderungen und Handicaps. Das heißt, dass beispielsweise Männer auch arm oder ethnisch diskriminiert sein können, Frauen aber auch einer weißen Mehrheit angehörend und wohlhabend, Ungleichheiten sich also »ausgleichen«, aber auch verstärkt werden können wie im Falle von Frauen aus ethnisch diskriminierten Gruppen mit wenig ökonomischen, kulturellen oder sozialen Ressourcen.

Aktuelle Herausforderungen im Prozess der Sozialisation (These 10)

Kritik am MpR ist in den vergangenen Jahrzehnten immer wieder diskutiert worden. Am stärksten trägt die Kritik, dass das MpR zu stark auf das individuelle Subjekt bezogen ist. Eine Folge davon ist, dass Sozialisationsprozesse zu stark aus der Perspektive der Persönlichkeitsentwicklung betrachtet werden. Man kann sagen, dass dies in der gegenwärtigen Formulierung des MpR keine wirkliche Problematik mehr darstellt. Wir können heute von einem Gleichgewicht sprechen, dass die analytische Ebene des Subjektes mit der analytischen Ebene der Umfeld- und Kontextfaktoren verbindet. Auch die Kritik am Konzept der Entwicklungsaufgaben ist inzwischen in das Modell eingegangen. Eine zögerliche Betrachtung der Bedeutung sozialer Ungleichheiten ist ebenfalls nicht mehr Gegenstand der Kritik von außen, da die Frage der Produktion und Reproduktion ungleicher Lebenschancen eine tragende Säule der Argumentation im MpR darstellt. Es gibt aber auch maßgebliche Weiterentwicklungen, so auch in der Neuentwicklung der letzten These des MpR.

Die zehnte **These zur Gestaltung und Bewältigung gesellschaftlicher Herausforderungen** hebt darauf ab, dass die nachwachsende Generation von wirtschaftlichen, ökologischen und politischen Herausforderungen global betroffen ist und die Lösung komplexer Krisenphänomene von einer gemeinsamem Gestaltungsfähigkeit abhängt. Es ist auffällig, dass Kinder und Jugendliche ein globales Krisenbewusstsein bereits ausgebildet haben und sich dieses auch artikuliert. Die Auseinandersetzung mit der realen und medial vermittelten Krisenwahrnehmung ist zu einem festen Bestandteil der Entwicklung der Persönlichkeit geworden. Dabei ist nicht entscheidend, dass Krisenphänomene heute zum Grund für eine intensivere Auseinandersetzung mit politischer Gestaltungsfähigkeit geworden sind (die vergangenen 20 Jahre zeigen das sehr eindrücklich, weil das Interesse für Politik in der jüngeren Generation immer stärker zunimmt). Mitunter ist auch das Gegenteil, der Rückzug und die Opposition, der Hang zu Populismus und einer Politik der starken Hand, ein Beispiel für die zunehmende Bedeutung globaler Krisenphänomene in den Erfahrungswelten einer heranwachsenden Generation. Die äußere Realität ist jetzt nicht nur Herausforderung der produktiven Realitätsverarbeitung auf einer individuellen, sondern auch auf der gesellschaftlichen Ebene. Hierüber sind sich junge Menschen im Klaren. Einige brechen bereits mit eingespielten Routinen, sie stellen Bildung und Ausbildung und den starren Takt von Ökonomie und Arbeitsleben infrage. Was über zwei bis drei Generationen hinweg als selbstverständliche Abfolge im Lebenslauf anerkannt wurde, gilt vielen heute nicht als Teil der Lösung, sondern als Teil des Problems. In diesem Sinne soll die zehnte These eine inhaltliche Öffnung vornehmen, die auch als Chance zur Partizipation gesehen werden soll. Kinder und Jugendliche in Schule und Ausbildungsgängen sollen in Unterrichtseinheiten erarbeiten, a) welche Krisenphänomene sie sehen und wie sie sich Formen der Krisenbearbeitung wünschen, b) Herausforderungen eines Zusammenwirkens globaler Konflikte, ökonomischer und ökologischer Anforderungen begegnen wollen und c) welche Chancen bzw. Risiken sie in den neuen

Technologien einer digitalisierten Welt sehen. In dem Maße, in dem wir heute von den Herausforderungen einer Gesellschaft im Zeitalter der künstlichen Intelligenz sprechen, ist die zehnte These die Frage nach den Möglichkeiten des menschlichen Gestaltungswillens in der nachwachsenden Generation.

Text 2

Fred Heindrihof und Gernod Röken haben in ihrem in derselben Ausgabe der PU erscheinenden Beitrag »Das Modell des produktiv realitätsverarbeitenden Subjekts (nicht nur) im Zentralabitur im Fach Erziehungswissenschaft – eine endlose Problemgeschichte?« eine Kommentierung des MpR vorgenommen. Diese verfolgt den langen Schatten des MpR in der sozialisationstheoretischen Diskussion und beobachtet vor allem die Rezeption im pädagogischen Kontext.

„Die Wahrheit der Interaktion gründet nie gänzlich in dieser selbst" (Bourdieu 2009, S. 181).

„Das prinzipiell vorhandene Vermögen der Menschen, über die Zwangsmechanismen ihrer Sozialisation zu reflektieren, erlaubt freilich weder Befreiung noch Selbstbestimmung, wenn nicht noch ein zweites hinzutritt: Die Besinnung auf die gesellschaftliche Deformation als Ursache für die individuelle Beschädigung" (Heydorn 3/1995, S. 317).

Fred Heindrihof und Gernod Röken: Das Modell des produktiv-realitätsverarbeitenden Subjekts (nicht nur) im Zentralabitur im Fach Erziehungswissenschaft – eine endlose Problemgeschichte? Oder: Wie Schüler*innen als affirmative Anwender*innen eines vorgegebenen Konstruktes instrumentalisiert werden (Teil I)

Seit Einführung des Zentralabiturs im Jahre 2007 und gemäß den Ankündigungen des Schulministeriums NRW für die nähere Zukunft kommen Schüler*innen in NRW, die sich für die schriftliche Abiturprüfung im Fach Erziehungswissenschaft in Leistungs- und Grundkursen entschieden haben, durch die vorgegebenen inhaltlichen Schwerpunkte des Kernlehrplans Erziehungswissenschaft (KLP EW) und die sogenannten Fokussierungen bis in das Jahr 2020 bei minimalen Veränderungen (siehe Standardsicherung NRW Erziehungswissenschaft) in ihrer Vorbereitung auf ihre Abschlussprüfung nicht am „Modell der produktiven Realitätsverarbeitung" (MpR) von Klaus Hurrelmann vorbei. Ad nauseam – so scheint es – wird daran festgehalten, ohne dass diese Auswahl und die Konstanz dieses Inhalts in den Vorgaben bzw. Fokussierungen oder an anderer Stelle jemals begründet wurden. Es entsteht der Eindruck, dass das MpR für den Unterricht im Fach Erziehungswissenschaft zum Diktum geworden ist. Vereinseitigend ist nicht nur die verordnete Beschäftigung mit diesem Modell, sondern auch die Art und Weise, wie in Abiturvorschlägen ein Rückgriff auf dieses sozialisationstheoretische Konstrukt eingefordert wurde. Wenn das hier kritisiert wird, so soll damit aber nicht in Zweifel gezogen werden, dass es sinnvoll ist, einen Zusammenhang von Sozialisationstheorie und Pädagogik herzustellen und über die jeweils spezifisch historisch-gesellschaftliche Verfasstheit (vgl. Röken 2017, S. 165 ff.) von Erziehung und Bildung aufzuklären sowie sich mit Sozialisationsprozessen im Pädagogikunterricht zu beschäftigen. Damit wird ermöglicht, das Verhältnis von Individuum und Gesellschaft, ihre Bezogenheit aufeinander und den Prozess der Subjektwerdung zu analysieren, aber auch der Notwendigkeit Rechnung getragen, die Unterschiede zwischen Sozialisation und Erziehung und Bildung zu verdeutlichen. Dabei ist die Erkenntnis wichtig, dass zwar pädagogisches Handeln „einerseits Teil der Sozialisation (ist, G. R.); andererseits (aber, G. R.) … mit Erziehung und Bildung immer schon Vorgänge gemeint (sind, G. R.), die über Sozialisation hinausgreifen" (Bernhard 2006, S. 100) und die sich, anders als Sozialisation, um mündige Subjektentwicklung bemühen. Pädagogisches Denken und Handeln als beabsichtigte Einwirkung auf Erziehungs- und Bildungsprozesse sind unverzichtbar, weil Lernen und Entwicklung des Menschen nicht sozialisierenden Einflüssen überlassen werden können. Wir stellen unseren Beitrag in einer gekürzten Version vor, der wie folgt gegliedert werden soll.

I. Kritische Einwände gegen Hurrelmanns „Theorie der produktiven Realitätsverarbeitung" im Kontext kontroverser Vorstellungen zur gesellschaftlichen Subjektwerdung – eine primär sozialisationstheoretische Kritik

II. Die Möglichkeiten, unter pädagogischer Perspektive auf sozialisationstheoretische Erkenntnisse zurückzugreifen und eine pädagogische Kritik am MpR vorzunehmen

III. Folgerungen und Forderungen in Bezug auf Teil I

IV. Schlussbetrachtung zum ersten Teil

V. Teil II: Die Entwicklungsaufgaben und deren Bewältigung im Lebenslauf als Kernannahmen einer produktiven Realitätsverarbeitung in kontroverser und kritischer Perspektive

VI. Fazit zum zweiten Teil

I. Kritische Einwände gegen Hurrelmanns „Theorie der produktiven Realitätsverarbeitung“ im Kontext kontroverser Vorstellungen zur gesellschaftlichen Subjektwerdung – eine primär sozialisationstheoretische Kritik

In grundsätzlicher Weise kritisiert Armin Bernhard die Theorie der „produktiven Realitätsverarbeitung“, „die notwendige Kritik am subjektivitätsvereinnahmenden kapitalistischen Gesellschaftsmodell ersetzt (wird, F.H./G.R.) durch die Frage, in welcher Qualität der Mensch den schwierigen Balance-Akt zwischen Vergesellschaftung und Individuierung zu bewältigen in der Lage ist. Sozialisation erscheint bei Hurrelmann als mögliche Versöhnung eines unversöhnlichen Widerspruchs in einer Gesellschaft, die die Entwicklung des allseitigen Subjektvermögens des Menschen ihren Tausch- und Verwertungsprozessen unterwirft: als Ideologie der Schlichtung des >Antagonismus zwischen Individuum und Gesellschaft< (Dahmer 2013, S. 242; Sève 2016, S. 37). Dem Problem der herrschaftlichen Nutzung kollektiver und individueller Sozialisationsprozesse wird in diesem Theoriehorizont keine angemessene systematische Bedeutung zugemessen. Die Verantwortung für das Misslingen bzw. Gelingen der Sozialisation wird von den subjektiven Kapazitäten und Ressourcen des produktiv die Realität verarbeitenden Subjekts abhängig gemacht. Keine Notwendigkeit wird im Rahmen dieses Sozialisationsbegriffs der Erklärung introjizierter Herrschaftsstrukturen zugemessen, die dazu beitragen, die bestehenden Gesellschaftsstrukturen zu stabilisieren und zu reproduzieren. Ihre Wirkmächtigkeit im Hinblick auf die Subjektwerdung wird in der Folge massiv unterschätzt, wenn nicht gänzlich ignoriert“ (Bernhard 2018, S. 305 f.). Bernhard wirft u.E. zu Recht dem MpR vor, dass es „die makrogesellschaftlichen Strukturen kapitalistischer Produktions- und Reproduktionsverhältnisse in ihren sozial verwerfenden, zentrifugalen Sozialisationswirkungen unangetastet (lässt, F.H./G.R.) und generell die historische Konstellation gesellschaftlicher Verhältnisse und deren Bedingtheit nicht berücksichtigt. Dem Individuum wird die nicht zu lösende Aufgabe aufgebürdet, in seiner Lebensgeschichte die durch den gesellschaftlichen Antagonismus verursachten Risse zu überwinden“ (ebd., S. 306). Der entscheidenden Tatsache, dass die gesellschaftliche Vermitteltheit der Menschen im Kapitalismus sich durch das Verhältnis von Sachen darstellt, die dann Macht über die Akteure gewinnen und als belebt gelten, wird keine Aufmerksamkeit geschenkt. Das Individuum ist für Hurrelmann der Gestalter und Produzent seiner Entwicklung. Die Bewältigung von Entwicklungsaufgaben/Anforderungen durch die Verarbeitung der inneren und äußeren Realität liegt in der Kompetenz des Einzelnen, der als Baumeister seiner personalen Identität verstanden wird. Ihm obliegt es, mit den ihm zur Verfügung stehenden Ressourcen dafür zu sorgen, dass die Realitätsverarbeitung in angemessener Weise gelingt (vgl. Hurrelmann/Bauer 2015, S. 97). In dem Werk „Lebensphase Jugend“ (Hurrelmann/Quenzel 2012, S. 246) wird diese individualisierende Betrachtung und die Zuweisung der Verantwortung für das Gelingen der Entwicklungsaufgaben (neuerdings „Anforderungen an den Lebenslauf“) in diesem Alter ganz deutlich: „Jeder einzelne Jugendliche – ob männlich oder weiblich, mit oder ohne Zuwanderungshintergrund, aus statushohem oder –niedrigen Elternhaus – trägt die Verantwortung für die Bewältigung und Koordination der vielfältigen Handlungsanforderungen, die mit den Entwicklungsaufgaben heute verbunden sind. In dieser stärkeren Betonung der Eigenverantwortung könnte ein Grund dafür liegen, dass heute etwa ein Drittel der Jugendlichen bei der Bewältigung der Entwicklungsaufgaben überfordert ist.“ Wird so argumentiert, wird übersehen, dass Menschen und damit auch Jugendliche nur Verantwortung für etwas übernehmen können, was sie, so Martin Kronauer, „durch eigene Entscheidungen auch bewirken oder verhindern können“ (Kronauer 2014, S. 407). Für die soziale Lage, die sozio-ökonomischen Voraussetzungen, das vorhandene oder nicht-vorhandene kulturelle Kapital oder für ein Aufwachsen in einer Familie mit oder ohne Zuwanderungsgeschichte gilt das sicher nicht. Es wird unterschlagen, dass die Bewältigung solcher Lebensrisiken auch in die Zuständigkeit der „kollektiven Anstrengungen sozialer und staatlich-politischer Akteure" (Ewald 1993. S. 128) gehört. Stattdessen geht es um eine Strategie der „Responsibilisierung" (Krasmann 2000, S. 198) unter dem „Signum der Eigenverantwortung".

Mit einer solchen Zuschreibung der Verantwortungsübernahme überschätzt Hurrelmann aber „die Autonomiepotentiale in der Persönlichkeitsentwicklung" (Bauer 2012, S. 61), fasst die Sozialisationsergebnisse „in Abhängigkeit von den physisch-psychischen ›Grundgegebenheiten‹ (…) des Heranwachsenden" (ebd., S. 67) und unterstellt eine „autonome Entwicklungslogik" (ebd.). Es obliegt der individuellen Kompetenz der Selbstorganisation, inwieweit der Jugendliche seine personalen Ressourcen nutzt. Er muss es schaffen, bleibt auf sich selbst verwiesen und kreiert sich selbst in der Bewältigung von Entwicklungsaufgaben. Bauer spricht deshalb zu Recht von einer „Eindimensionalität der Perspektive auf die einzelne Person" (Bauer 2012a, S. 24). So schlicht und einfach wird aber die Dialektik der Vermittlung von Individuum und Gesellschaft in ideologischer und eindimensionaler Weise bei Hurrelmann aufgelöst, werden gesellschaftliche Problemfelder und deren Bewältigung subjektiviert. Ignoranz statt Dialektik dominiert in einer solchen Auffassung, denn soziale Widersprüche, Spaltungen, gesellschaftliche Fragmentierungen und Prekarisierung schon bei Jugendlichen kommen kaum vor, ebenso wenig wie das Potenzial gesellschaftlicher Formung durch ideologische Vereinnahmung und Machtstrukturen als Einflussfaktor bei der Identitätsbildung. Es wird ausgeblendet, dass die formale Freiheit heteronomen Prozessen unterworfen ist, die nicht einfach voluntaristisch in Selbstmacher-Manier überwunden werden können. Von behaupteter Autonomie bleibt statt Bewältigung von Entwicklungsaufgaben bzw. Anforderungen oft nur noch die Option der nackten Selbstbehauptung, um das Leben irgendwie zu bewältigen.

Darüber hinaus erörtert Hurrelmann aber auch auf der Individualebene nicht ausreichend die entsprechenden Aneignungs-, Verarbeitungs- und Handlungskompetenzen (vgl. ebd.). Einer solchen Sichtweise entgegengesetzt verdeutlicht Armin Bernhard, dass selbst die Vorgänge der Individuation „keine Prozesse sind, die aus dem Innenleben des Individuums allein gesteuert werden können; sie sind zugleich immer auch gemeinschaftlicher Natur, d. h. an qualitative kollektive Lernprozesse gebunden, ohne die die Menschen ihre Individualität nicht verwirklichen können" (Bernhard 2017, S. 160). Der Subjektbezug ist immer mit „Gedanken der Sozialität des Menschen zu verknüpfen" (ebd., S. 161), um die Subjektwerdung des Menschen „über die Aktivierung seiner materialen, sozialen und personalen Basis" (ebd., S. 165) weiterzuentwickeln. Sie sollte nicht einem „solipsistischen Subjektverständnis" (ebd.) der rein individuellen Konstruktionsleistung erliegen, weil so die dialektische Verknüpfung „mit dem Gedanken der Sozialität des Menschen" aufgegeben wird. Insofern ist der Sozialisationsprozess nicht nur „eine Vermittlung zwischen Vergesellschaftung und Individuation" (Bernhard 2001, S. 55), sondern immer auch mit der Frage befasst, wie sich Prozesse der Introjektion in den Individuen niederschlagen, und zwar konkret. Auch in der Realitätsverarbeitung ist damit zu rechnen bzw. nicht auszuschließen, dass schon „Macht- und Disziplinierungstechniken in das Subjekt hinein verlagert" (Bruder 2014, S. 38) werden und wurden, so dass die „kulturelle Hegemonie" (ebd., S. 65) gesichert wird.

Solche im Sozialisationsprozess sich vollziehenden und zum Ausdruck kommenden Machtprozesse und deren Folgen (vgl. Bialluch 2014) bleiben im MpR unbeachtet. Es handelt sich daher bei Hurrelmann um ein subjektiv verkürztes Verständnis der Realitätsverarbeitung ohne Einholung der gesellschaftlichen Mechanismen, die diese erschweren, verhindern oder im Extremfall auch psychische Erkrankungen bedingen. Zwar werden „Risikowege nicht gelingender Bewältigung" (Hurrelmann/Bauer 2015, S. 103) in unterschiedlichen Varianten angegeben, aber die Problematik der Bewältigung wird auch hier allein dem Individuum und dessen Verantwortlichkeit für Gelingen bzw. Misslingen zugeschrieben. Unzureichende Bewältigung von „Risikowegen" wird vor einer solchen individualperspektivierenden Kausalität rein deskriptiv, teilweise additiv und vor allem affirmativ als „Problemverhalten" beschrieben (vgl. Hurrelmann 2018, S. 9), was einer Reduktion auf individuelle Unzulänglichkeiten gleichkommt. Das MpR setzt sich so der Gefahr aus, in den Sog neoliberaler Konzepte der Selbstregulierung zu geraten, die auf Selbstmanagement setzen und die Subjekte anhalten, ihre Entwicklung autonom zu steuern und dafür auch die Verantwortung zu übernehmen.

Eine solche Subjektorientierung im MpR, das dominant vom konstruktiven Agieren der Subjekte in der Bewältigung von Lebenssituationen und deren Risiken ausgeht, verwundert insofern, als schon bei Bourdieu das Individuum in soziale Kontexte unter den Vorzeichen von Internalisierung und Inkorporation von gesellschaftlichen Strukturen verstanden wird und Bourdieu die Auffassung vertritt, dass die „Subjekte nicht über die ganze Bedeutung ihres Verhaltens als unmittelbares Bewusstsein verfügen und (...) ihr Verhalten stets mehr an Sinn umfasst, als sie wissen und wollen" (Bourdieu 1981, S. 12). Entwicklungs- und Interaktionsprozesse vollziehen sich in habituell verinnerlichten Bahnen, sind nicht notwendigerweise subjektiv zweckgerichtet. Die Bewältigungschancen zur eigenen Entwicklung variieren mit den sozialen Positionen und sind an strukturell restringierte oder ermöglichende Rahmenbedingungen gebunden, sind damit limitiert, aber keineswegs völlig determiniert. Auch wenn Hurrelmann beansprucht, an die Arbeiten von Bourdieu anzuknüpfen (vgl. Hurrelmann 2015, S. 136f.; Kap. 6.4 oder Maxime 9 beziehen sich zwar auf Ungleichheit, aber eben rein deskriptiv und ohne Klärung der verursachenden Mechanismen), so bleibt die Bedeutung der Analysen von Bourdieu in seinem Modell extrem gering. Der emanzipatorischen Intention der Arbeiten Bourdieus, dem es um das Aufdecken ungerechtfertigter gesellschaftlicher Zwänge unter der Perspektive der Befreiung von diesen geht, werden die Ausführungen Hurrelmanns nicht gerecht (vgl. Bremer 2011, S. 188). Vor dem Hintergrund der Analysen von Bourdieu können Lebenszusammenhänge, Risikokontexte und Milieus nicht frei gewählt werden. Das vergesellschaftete Subjekt kann sich ihrer auch nicht voluntaristisch entledigen. Aber vor allem Macht- und Herrschaftsstrukturen in ihren subtilen Formen und ihre Hineinnahme und Einschreibung in die Individuen wie bei Bourdieu spielen in den Ausführungen des MpR ebenso keine Rolle. Unbeachtet bleibt auch die für die Pädagogik entscheidende Frage, wie der Einzelne allein und mit anderen seine Lebensgeschichte in emanzipativer Weise gestalten bzw. mitgestalten kann und wie dies durch Bildungsprozesse zu fördern ist.

Insgesamt fehlt im MpR das Verstehen der Widersprüche im Verhältnis von Individuierung und Vergesellschaftung, was vor allem für das Verständnis der Entwicklungsaufgaben/Anforderungen wesentlich ist. Diese sollten eben nicht in einer vermeintlich gesellschaftlichen Erwartung gefasst werden, die bezogen auf die gesellschaftlichen Strukturen rein affirmativ ist und einer „Selbstinszenierung von Individualität" (Gruschka 1988, S. 159) entspricht. Gerade das Verstehen der gesellschaftlichen Widersprüche ist die notwendige Voraussetzung für die Entwicklung selbstbestimmter Identität, die zu eigener Urteilsbildung befähigt. Eine solche Individualität kann sich dann u.U. auch Kriterien zuwenden, die neue Perspektiven individueller Entfaltung der menschlichen Sozialnatur im Hinblick auf eine „Erschließung gemeinschaftlich-solidarischer Dimensionen im Rahmen der Subjektwerdung" (Bernhard 2017, S. 161) ermöglichen.

Da bei Hurrelmann Gesellschaft sehr allgemein als soziale und physikalische Umwelt mit der positiven Zuschreibung „hochentwickelt" beschrieben wird, ohne sie in ihrer formspezifischen Besonderheit und ihrer besonderen Strukturmerkmale unter den Bedingungen des Postfordismus zu erfassen, um so die für den Prozess der Sozialisation gravierenden Auswirkungen zu analysieren, können auch nicht die das Subjekt beeinflussenden Elemente und deren Folgen in Konkretion verdeutlicht werden. Mit einer solchen Bestimmung der menschlichen Sozialnatur, die nur allgemein in der Mitte zwischen Vergesellschaftung und Individuation angesiedelt ist, wird es beispielsweise unmöglich, „die ›Logik‹ der Verhinderung von Identität und emanzipativer Subjektivität aufzudecken und zu kritisieren" (Gruschka 1988, S. 174). Insofern sind im weiteren Verlauf der Darstellung einige Merkmale sozialen Verhaltens von Identität im Kapitalismus und Neoliberalismus (vgl. Ottomeyer 2014) in unvollständiger Weise anzudeuten, ohne sie umfänglich hier entfalten zu können. „Verzichtet man aber auf sie – wie im MpR – dann sollte man wissen, wovon man absieht" (ebd., S. 146). So können Formen der gegenwärtigen Sozialisationsprozesse, die die „gesellschaftlichen sozio-ökonomischen Bedingungen ..., in die Innenwelt der Subjekte einschreiben" (Mensen 2016, S. 60) dann nicht verstanden werden und für pädagogische Prozesse so genutzt werden, dass freiheitliche Regungen ... Einfluß auf handlungssteuernde Zentren der Person gewinnen können" (Brückner 1982, S. 61).

Wie beim symbolischen Interaktionismus ist auch das MpR nicht in der Lage, „das gegenständliche und sinnlich-bedürftige Handeln der Individuen in der kapitalistischen Produktions-, Verteilungs- und Konsumtionssphäre“ (Ottomeyer 2014, S. 25) angemessen in der Modellkonstruktion zu berücksichtigen, obwohl es auch schon für den jungen Menschen in seiner Identitätsbildung von enormer Relevanz ist und die zwischenmenschlichen Beziehungen u. a. durch stumme Zwänge entscheidend so beeinflusst, dass sich Eingänge in dessen Persönlichkeitsentwicklung vollziehen. Menschen sind immer nur bedingt „Produzenten ihrer eigenen Entwicklung“ (Hurrelmann/Bauer 2015, S. 20). Das Individuum ist zwar aktiv, zur Selbsttätigkeit, zur Einwirkung auf die Umwelt fähig, aber auch diese ist gesellschaftlich durchwebt, nicht unabhängig von strukturell geprägten gesellschaftlichen Bedingungen zu denken. Die vorhandenen Entwicklungs- und Handlungsspielräume sind stets durch die gesellschaftlichen Bedingungen und vorherrschenden Ideologien mitbestimmt, die die Handlungsoptionen begrenzen. Zwar handelt es sich bei der Auseinandersetzung mit der inneren und äußeren Realität um einen aktiven Prozess (vgl. Hurrelmann/Bauer 2015, S. 101), aber diese Produktivität und die Wahl der Ausdrucksformen bei der Verarbeitung bleibt davon nicht unbeeinflusst. Das Individuum ist deshalb in seiner „materiellen Gegenständlichkeit als sinnliche(s) Naturwesen zu fassen“ (Ottomeyer 1991, S. 154) und in seinem „produktiv-sachlichen Gegenstandsbezug, über den sich sein Selbstbewußtsein bildet“ (ebd.) und über den in seiner besonderen gesellschaftlichen Form sich auch die zwischenmenschlichen Interaktionen gestalten, zu bestimmen. Es handelt sich also keineswegs um eine Strukturdetermination und inflexible Präformierung des Menschen, so dass der Mensch über seine Sozialisation den gesellschaftlichen Verhältnissen ausgeliefert ist.

Eingedenk der Vernachlässigung der gegenständlichen Tätigkeiten der Menschen und einer von Brüchen geprägten besonderen Form der Identitätsbildung unter Strukturbedingungen eines entwickelten Kapitalismus im ideologischen Gewande des Neoliberalismus, stellt auch Ulrich Bauer die strukturellen Einschränkungen in der wechselseitigen Person-Umwelt-Beziehung, die eben nicht symmetrisch verlaufen, fest: „Beschränkungen in der Handlungsfähigkeit des Subjekts werden ignoriert“ (Bauer 2012, S. 54). Das rührt daher, dass die Vermittlung von Individuierung in einer Gesellschaft, die durch das Wertgesetz reguliert wird, nicht beachtet werden, sodass ohne ein Aufgreifen und Anknüpfen an dieses „innere Band“ der kapitalistischen Produktionsweise auch die Sozialisationsprozesse nur unzureichend bestimmt werden können. Sozialisation ist nicht abstrakt und universell zu verstehen, sondern immer unter Berücksichtigung und Bestimmung der inneren Struktur der gesellschaftlichen Zusammenhänge und damit im Kontext der jeweils konkreten Zustände. Allgemeine Korrelationen zu den materiellen historisch-gesellschaftlichen und materiellen sozialen Zuständen reichen nicht aus, weil auch die Auseinandersetzung mit ihnen und deren jeweiliger Besonderheit präzisiert werden muss. Da im MpR von der Anatomie der spezifischen Form der bürgerlichen Gesellschaft in ihrem jeweiligen Entwicklungsstand abstrahiert wird, bleibt das Verständnis von Sozialisation letztlich inhaltsleer und entwirklicht. Auch die Entwicklungsaufgaben und die dort genannten Anforderungen erfüllen diesen Anspruch in ihren Verallgemeinerungen und Affirmationen nicht. Wie gestalten sie sich in einer „zentrifugalen Gesellschaft“ (Bernhard 2014, S. 86, Anm. 19), „deren Organisationsform einer Zentrifuge“ gleicht, weil „die der Gesellschaft angehörenden Individuen systematisch gegeneinander organisiert“ (ebd.) sind? Wie kann Entwicklung in einer Gesellschaft gelingen, in der ein menschlicher Maßstab für Sozialisation und Erziehung nicht zu finden ist? Das sind die Fragen, die das MpR nicht beantwortet.

Erst aus der Beachtung und Einbeziehung der gesellschaftlichen Produktion, Verteilung und Konsumtion (vgl. Ottomeyer 2014, S. 19 u. 120) kann erklärt werden, warum Möglichkeiten einer entwicklungsfähigen Realitätsverarbeitung für manche Menschen nur durch Aussetzung der eigenen Person in gesellschaftliche Kontexte der Konkurrenz, der Atomisierung, Abspaltung, Doppeldeutigkeit und Widersprüchlichkeit zu haben sind, warum es vermehrt zu Identitätsbrüchen kommt, „die von der Zerrissenheit der sozialen Lebenswelten hervorgebracht werden“ (ebd., S. 143). Erst so sind auch die typischen Formen eines Sozialcharakters in den neoliberalen Ausprägungen des Kapitalismus zu identifizieren und deren Auswirkungen auf die Identität zu erfassen (vgl. Verhaeghe 2013, S. 108 ff.). Nur unter Einbringung solcher Bestimmungsmomente lassen sich Phänomene wie die Überforderung von Identität, die Sennet mit dem Begriff des „flexiblen Menschen“ (Sennett 1995) zum Ausdruck bringt, die „Selbstverdinglichung des Menschen“ (Ottomeyer 2014, S. 178) oder eine überzogene Abgrenzung vom Anderen (vgl. Verhaeghe 2013, S. 15) und die von Erikson genannte Möglichkeit der „Selbstabsortion“ (zit. n.

Ottomeyer 2014, S. 227) sowie die neue moralisch-kognitive Überforderung der Ich-Identität in einer neuen Unübersichtlichkeit (vgl. Ottomeyer 2016, S. 43) und weitere Formen der Destabilisierung und Entwertung von Persönlichkeit erklären. Die tiefgreifenden Veränderungen durch eine zunehmende Ökonomisierung der Gesellschaft und deren „sukzessive Vermarktlichung" (Bode/Brose 1999, S. 182) mit einem „Regime der Flexibilität und Unsicherheit, (das) inzwischen alle Aspekte des gesellschaftlichen Lebens durchdringt" (Koppetsch 2011, S. 9) und zu einer „Kurzlebigkeit und Unverfügbarkeit der gesellschaftlichen Bedingungen der individuellen Existenz" (ebd., S. 10) führt, bleiben aber im MpR ebenso außen vor wie heutige Selbstführungspraktiken der Individuen. Gesellschaftlich verursachte Identitätsdiffusionen und -brüche, die pathologische Erscheinungsformen annehmen können, die verhindern, dass Entwicklungsaufgaben in positiver Weise bewältigt werden können und eine stabile Ich-Identität ausgebildet wird, sind anscheinend bei Hurrelmann nicht vorgesehen (höchstens in der Form individuellen Versagens). Auch wenn eine nicht erfolgreiche Verarbeitung in der Bearbeitung von innerer und äußerer Realität nicht völlig ausgeschlossen wird, so wird sie vernachlässigt bzw. weitgehend ausgeblendet. Hurrelmann stellt fest, wie es vermeintlich ist, und lässt es dabei bewenden. Dass Sozialisationsprozesse heute für viele „unter Bedingungen von zunehmender Konkurrenz und Angst verlaufen" (Brand 2011, S. 154), bleibt im MpR außen vor. Welche gesellschaftlichen Veränderungsperspektiven möglich sind und wie sich Sozialisationsprozesse dann gestalten könnten, liegt ebenso außerhalb des Denkens von Klaus Hurrelmann. So kann auch eine Zunahme von psychischen Erkrankungen und von Depressionen im Besonderen als Ursache auch von veränderten Arbeitsbedingungen nicht erklärt werden (wie sie beispielsweise von Rudi Schmiede 2011 vorgenommen wird). Wie lassen sich neue Formen der Entfremdung unter den Bedingungen der „den (kapitalistischen) Modernisierungsprozess dominierenden temporalstrukturellen Veränderungen" (Rosa 2011. S. 221) begreifen, die nicht mehr den „produktiven Realitätsverarbeiter" in allgemeiner Form benötigen, sondern als Orientierungsmuster dem Wellenreiter folgen, der aber vor der Gefährdung oder Störung seiner Selbstbeziehung nicht gefeit ist (vgl. ebd. 2011, S. 259)? Wie kann eine Zunahme von Erschöpfungszuständen nachvollzogen werden, wenn man nicht die gesellschaftlichen Konstitutionsbedingungen des „hegemonialen ›Subjekt-Dispositivs‹ des ›unternehmerischen Selbst‹" (Koppesch 2011, S. 16) heranzieht und nach den Zusammenhängen von flexiblem Kapitalismus mit einer „individuell erlebte(n) wie diskursiv inszenierte(n) Erschöpfungswelle fragt, wie es Stefanie Graefe (Graefe 2011) macht? Alle diese Phänomene und Probleme, die darauf hinweisen, dass Biografien in massiver Weise von Abstürzen, von Prozessen des Abdriftens bedroht sind, sodass es stabile Identitäten nicht mehr geben kann, sind eben nur erklärbar, wenn die gesellschaftlichen Bezüge konkret bestimmt und entwickelt werden. Wer davon ausgeht, dass es vor allem das Individuum ist, das Entwicklungsaufgaben/Anforderungen zu bewältigen und möglichst für sich positiv zu lösen hat, lässt „die identitätsformende Wirkung kapitalistischer Ökonomie" (Ottomeyer 1991, S. 172) außer Acht und verzichtet auf die Bestimmung von Ursachen, wenn er – wie auch Hurrelmann – in Erwägung zieht, dass 20% der Bevölkerung von positiven Entwicklungsmöglichkeiten ausgeschlossen sind. Die Menschen funktionieren zwar in diesen gesellschaftlichen Strukturen irgendwie, während die Person aber in ihnen ruht. Sie sind Übergriffen, z.B. aus der Arbeitswelt, schutzlos ausgeliefert oder sie müssen gar einen Zusammenbruch ihrer Handlungsfähigkeit unverschuldet erleben. Unbeachtet bleibt, dass die neoliberale Selbstoptimierung die Menschen erschöpft und ihre Identitätsentwicklung beeinträchtigt, sodass geringe Hoffnung bleibt, sich vom eingeklemmten Leben befreien zu können.

Vor diesem Hintergrund ist Klaus Ottomeyer auch in Bezug auf Hurrelmanns MpR zuzustimmen, wenn er schreibt, dass die „modernen und postmodernen Identitätskonzepte als akademische Konstrukte (aufzufassen sind, weil sie – F.H./G.R.) an der kapitalistischen Realität vorbei konstruiert worden sind (Ottomeyer 2014, S. 230) und beispielsweise die Realität der Notwendigkeit der Anerkennung als arbeitender Mensch (vgl. Ottomeyer 2016, S. 46) nicht zur Kenntnis nehmen oder sich nicht darum kümmern, dass die Kreditwürdigkeit eines Menschen „möglicherweise das Kernelement der menschlichen ›Identität‹ im Kapitalismus, jedenfalls bei den Erwachsenen" (Ottomeyer 2014a, S. 454) ist. Das gilt auch für den Anspruch einer „umfassenden Sozialisationstheorie" (Hurrelmann/Bauer 2015, S. 90). Es wundert dann auch nicht, wenn Sozialisationsverhältnisse bei Hurrelmann als „entvertikalisiert" (Bauer 2012, S. 69) und Klassenstrukturen als entstrukturiert dargestellt, die „Polarisierung der Sozialstruktur"

(Groh-Samberg/Hertel 2015, S. 31) und die Erosion des Sozialstaates nicht zur Kenntnis genommen werden. Insofern stellt Bauer zu Recht fest, dass die sozialstrukturelle Herkunft und nicht die Subjektorientierung (wie bei Hurrelmann) die relevante Größe für die Vergabe von Lebenschancen ist (vgl. Bauer 2012, S. 75), auch wenn dies im Bildungssystem durch formal-rechtliche Gleichstellung verschleiert wird.

Der Rückgriff bei Hurrelmann auf das Individualisierungstheorem und auf eine Vorstellung eines Kapitalismus ohne Klassen bei Ulrich Beck (Beck 1986), die zwar beide einer sinnlich erscheinenden Tendenz Ausdruck verleihen, erweisen sich angesichts der massiven Kritik an diesen Vorstellungen Becks ebenfalls als theoretisch unzureichend. So werden beispielsweise schon bei Beck die den menschlichen Handlungen vorausgehenden Gesellschaftsstrukturen und damit die Produktions- und Reproduktionsprozesse ausgeblendet und so nur die Oberflächenphänomene einer veränderten Gesellschaft erfasst. Wie früher schon Helmut Schelsky stellt Beck nur veränderte Phänomene zusammen, die er in ein theoretisches Schema einordnet, ohne den gesellschaftlichen Zusammenhang in seiner formalen und historischen Entwicklung adäquat aufzunehmen (vgl. Thien 2010, S. 24). Die Gesellschaft wird nicht mehr wie bei Schelsky als in der Mitte „nivelliert“, sondern als „individualisiert“ beschrieben (vgl. Koppetsch 2013, S. 177). Zudem werden die benannten Phänomene auch nur behauptet und halten einer weltweiten empirischen Überprüfung nicht stand, werden aber zudem in Deutschland bei einer zunehmenden Polarisierung der Sozialstruktur in einer „demobilisierten Klassengesellschaft“ (Dörre 2018, S. 125 ff.) mit einer sozial abgehängten und „prekären Klasse“ (Reckwitz 2019, S. 102) extrem fraglich. Darüber hinaus enthält Becks Annahme auch einen gewissen Zynismus, wenn von einer angeblich egalisierenden Wirkung der Risiken in der sogenannten Risikogesellschaft ausgegangen wird. Zu Recht fragt Oskar Negt deshalb kritisch nach: „Welche Risiken tragen die wirklich Reichen in dieser Gesellschaft, die Aktionäre, die Topmanager, die Medienstars? Ist die sogenannte Risikogesellschaft vielleicht doch eine modifizierte Klassengesellschaft? Die Arbeiterin oder der Arbeiter im VW-Werk oder bei Conti in Hannover, die Überstunden machen und ihre Arbeitskraft bis zum äußersten anspannen, um ihren Arbeitsplatz zu erhalten, und die plötzlich erfahren, dass ihnen das alles wenig genützt hat – sind das nicht die eigentlichen Risikomenschen dieser Gesellschaft?“ (Negt 1999, S. 29 f.). Negt kommt zu dem Resultat, dass „die Risikogesellschaft eine Konstruktion (ist, F. H. / G. R.), die allen Regeln klassischer Ideologie entspricht. Es entsteht der objektive Schein, als wären alle in gleicher Weise von epochalen Gefährdungen der Modernisierungsprozesse betroffen“ (ebd). Die Auseinandersetzung mit diesem theoretischen Grundpfeiler im MpR, also mit der Annahme einer Risikogesellschaft, ist deshalb notwendig, um das MpR einerseits zu verstehen und andererseits auch einer kritischen Analyse zu unterziehen und das Ideologem der permanenten Selbstoptimierung zur individuellen Bewältigung von Risiken nachvollziehen zu können.

Wenn man sich auf das Becksche Individualsierungstheorem als Referenztheorie beruft, wie es Hurrelmann macht, dann ist es nicht verwunderlich, dass Individualisierung als „neuer“ Sozialisationstyp entdeckt und als Fortschritt gegenüber gesellschaftsdeterministischen Ansätzen gefeiert wird. Die Folge eines solchen Verständnisses aber ist, dass die sozialstrukturellen Elemente für die individuellen Lebensverläufe nur noch eine untergeordnete Rolle spielen und die individuellen Handlungsentwürfe und deren Realisationen in selbst gewählten Biografieverläufen entscheidend für das Verhältnis von Individuum und Gesellschaft werden. Aber nur vermeintlich gestaltet der Einzelne nach diesem Modell seine Handlungsvollzüge weitgehend selbst, reguliert und steuert seine Entwicklung und stellt mittels reflexiver Prozesse seine Identität in weitgehender Unabhängigkeit her. Zu Recht stellt Ullrich Bauer deshalb fest, dass bei einer Annahme einer autonomen Steuerung der Lebensführung die Bedeutung ungleicher Sozialisationsbedingungen in den Hintergrund gerückt wird (vgl. Bauer 2012, S. 85), die aber an den Beginn gesetzt werden müsste. Auch fragt Bauer in sehr nachvollziehbarer Weise, ob das, was als Eigentätigkeit in der produktiven Realitätsverarbeitung angeführt wird, nicht „immer noch in den Bahnen der Anpassung“ (ebd., S. 91) verläuft und soziale Voranpassungen, die nicht voluntaristisch übersprungen werden können, entscheidend sind, sodass es sich um einen „beschnittenen Identitätsbegriff“ (ebd.) handelt, also wirklich autonomes Handeln nicht möglich ist, sondern nur teilautonomes. Insofern lautet Bauers Fazit zum MpR: „Es gründet wie viele andere Konzeptionen auch auf dem geläufigen Irrtum in der nachschichtenspezifischen Sozialisationsforschung, das ... in Gebrauch genommene emanzipatorische *Potenzial* autonomer Handlungsfähigkeit in einen entwicklungstypischen, universalen Mechanismus der Persönlichkeitsgenese zu überführen" (ebd., S. 92), ohne dabei die „sozialstrukturelle Einbettung der Entwicklung der Persönlichkeit" (ebd.) zu berücksichtigen, sodass eine gravierende Überbetonung der Handlungsautonomie des Einzelnen die Folge ist, der die Kompetenz zur Selbststeuerung habe. Bauer nennt das einen „Subjektzentrismus". Darüber hinaus kann das von Hurrelmann vertretene Modell „mit den empirischen Erkenntnissen, die uns bis heute vorliegen, nicht so leicht in Übereinstimmung gebracht werden" (ebd., S. 97). Insofern vermisst Bauer mit Bezug auf Hurrelmanns MpR „die gesellschaftskritische Positionierung" (Hurrelmann/Bauer 2015, S. 209), was von Hurrelmann im Gespräch der beiden Autoren auch insofern eingeräumt wird, dass der Eindruck unter Berücksichtigung der Entstehungsbedingungen seines Theorems einer reinen „Subjektorientierung" entstanden sei (vgl. ebd., S. 209 ff.). Auch räumt Hurrelmann selbst ein, dass der massiven sozialen Ungleichheit in der Sozialisationstheorie mehr Aufmerksamkeit im Sinne einer kritischen Aufklärung darüber geschenkt werden müsse (vgl. ebd., S. 224), die für Bauer zentral ist, da sie sich auf die Handlungsfähigkeiten der Menschen auswirkt (vgl. ebd., S. 213). Aber Hurrelmann bleibt letztendlich trotz der gemachten Zugeständnisse bei der Vorstellung eines doch relativ autonomen und selbstaktiven Subjekts und revidiert das MpR in seinen grundsätzlichen Aussagen nicht.

Nachdem die Problematik des Rückgriffs und die Nutzung des MpR verdeutlicht wurde, kann jetzt jenseits einer Reduktion eines Verständnisses von Pädagogik als Anhängsel anderer sozialwissenschaftlicher Theoriegebäude – die Aufgabe einer pädagogischen Perspektive auf der Grundlage eines kritisch-materialistischen Verständnisses von Sozialisation in Ansätzen verdeutlicht werden.

II. Die Möglichkeiten, unter pädagogischer Perspektive auf sozialisationstheoretische Erkenntnisse zurückzugreifen – eine pädagogische Kritik am MpR

So notwendig die Berücksichtigung sozialisationstheoretischer Erkenntnisse im Pädagogikunterricht ist, um eine verkürzte und damit nur innerpädagogische Betrachtungsweise in den Interaktionen eines pädagogischen Verhältnisses zu überwinden und die historisch-gesellschaftlichen Bezüge und Zusammenhänge im Hinblick auf die menschliche Entwicklung einzubeziehen, so wichtig ist es, dass unter Rückgriff auf Fragen von Erziehung und Bildung die Besonderheit pädagogischen Denkens und Handelns nicht aus dem Blick geraten. Pädagogik im Sinne eines kritischen Verständnisses will „Mündigkeitspotenziale in reale Subjektvermögen umsetzen" (Bernhard 2018, S. 313). Dabei ist sie darum bemüht, Erziehungs- und Bildungsziele „nicht einfach nur zu postulieren, sondern sie mit den sozialisationsbedingten Subjekteigenschaften des Menschen realistisch zu vermitteln" (ebd., S. 312), was dann auch für den pädagogischen Schlüsselbegriff Mündigkeit gilt. Eine solche Vermittlung ist in nicht-affirmativer Weise anzulegen, um mit dem Ziel nicht in Widerspruch zu geraten. Dabei sind die spezifischen Sozialisationsumstände in dem jeweiligen besonderen gesellschaftlichen Kontext (siehe Punkt I) in Bezug auf die persönlichen Verarbeitungsformen zu berücksichtigen, um in handlungstheoretischer Absicht unter Beteiligung der Zu-Erziehenden an der „systematische(n) Erhellung der in der Regel nicht bewussten, verborgenen Voraussetzungen und Bedingungen der Subjektwerdung" (ebd., S. 313) mittels Aufforderung zur Reflexion daran zu arbeiten. „Autonomie, ... Emanzipation, ... Personalisation des Individuums" (Bernhard 2017, S. 161) sind daher „dialektisch mit dem Gedanken der Sozialität zu verknüpfen" (ebd.). Die pädagogische Perspektive, die diesen Kontext und auch „die Erschließung gemeinschaftlich-solidarischer Dimensionen im Rahmen der Subjektwerdung" (ebd.) berücksichtigt, ist dabei auf die „Verwirklichung von individueller und kollektiver Mündigkeit gerichtet" (Bernhard 2018, S. 313) und kann unter Einbeziehung von sozialisationstheoretischen Erkenntnissen in der Kritik an Hurrelmanns Modell dargelegten Form dann auch Möglichkeiten schaffen, „verinnerlichte Herrschaftszusammenhänge" (ebd.) in ihrer besonderen Ausprägung zu analysieren und diese durch die „errichteten Blockierungszusammenhänge" (ebd.) bearbeitbar zu machen. Ja, die Realitätsverarbeitung mittels bildungstheoretischer Durchdringung ermöglicht erst, diese als einen in sich widersprüchlichen Prozess zu bestimmen und zu verstehen, in dem auch das Individuum als Ich- und Sich-Selbst den Bedingungen bürgerlicher Verwertungslogik ausgesetzt ist. Verstrickungen und Brüche darin können sichtbar werden, ohne den Eindruck zu erwecken, dass diese allein durch pädagogische Einwirkung in Bezug auf Mündigkeit als soziales Projekt aufhebbar wären. Trotzdem beschäftigt sich die pädagogische Perspektive mit der Frage, welche Einwirkungen in und Handlungsvollzüge zur Subjektwerdung möglich und notwendig sind, um „Vorräume für eine emanzipatorische Subjektwerdung" (ebd., S. 316) zu schaffen, ohne dabei die materielle, soziale und personale Basis und deren Aktivierung (vgl. Bernhard 2017, S. 165) unberücksichtigt zu lassen. Sie ermöglicht, die erkannten Widersprüche einer kritischen Analyse zuzuführen und Aufforderungen und Anlässe für eine gemeinsame Selbstverständigung in den Blick zu nehmen, auch um eine kontrafaktische Re-Vision von Humanität zumindest gedanklich möglich zu machen und Optionen einer substanziellen Transformation aufzuzeigen. Unter diesen Voraussetzungen ist eine pädagogische Perspektive in die Lage versetzt, „sich von den widrigen Realisationsbedingungen einer emanzipatorischen Subjektwerdung nicht beirren zu lassen, sondern den gesellschaftlichen Gründen der sozialen Verwerfungen nachzugehen, die sich in das Projekt der Emanzipation hineinvermitteln" (ebd., S. 167). Ohne Rekurs auf bildungstheoretische Reflexionen wäre das nicht möglich.

Für den Pädagogikunterricht heißt das, dass die Eigengesetzlichkeit des Pädagogischen, die die Sozialisationstheorie nicht erfassen kann, ebenso wie die Angewiesenheit auf sie und die gleichzeitige Begrenztheit sozialisationstheoretischer Erkenntnisse zu verdeutlichen sind, um Subjektwerdungsprozesse anderer Menschen zu ermöglichen. Das kann bspw. gelingen, wenn einerseits der Anspruch von Bildung als „permanente Aneignung, die Selbstverfügung über die eigenen Lebens- und Sozialisationserfahrungen zu gewinnen" (Bernhard 2018a, S. 142), in einen Vergleich zu den gesellschaftlich begrenzten Möglichkeiten dazu gesetzt wird, um bspw. gesellschaftliche Introjektionen und Kolonisierungen der Individualität, die den Bildungsanspruch durch subtile Herrschaftsmechanismen unterlaufen, wahrzunehmen und aufzudecken. Unterrichtlich kann so beispielsweise verdeutlicht werden, dass der pädagogische Anspruch, „Kinder und Jugendliche im Hier und Jetzt zur Mündigkeit zu verhelfen" (Rühle 2017, S. 224), mit der „grundsätzlichen Schwierigkeit konfrontiert ist, dass die historisch-gesellschaftlichen Bedingungen, unter denen es sich aktualisieren soll, alles andere als mündigkeitsfördernd sind …" (ebd., S. 225). Trotz der „Grammatik der Schule" und der unterrichtlichen Restriktionen durch Vorgaben und KLP EW ist auch der Pädagogikunterricht zumindest ein Stück weit in der Lage, „pädagogischer Raum" im Sinne der Beschreibung von Manuel Rühle zu sein, wenn der Fachunterricht dazu herausfordert, die eigenen Sozialisationsprozesse mithilfe von Kriterien pädagogischer Urteilsbildung zu reflektieren, wenn Schüler*innen angehalten werden, sich kritisch-reflexiv zu den gegebenen gesellschaftlichen Möglichkeiten von Bildung und pädagogischer Bildung bewusst zu verhalten und nach pädagogischen Handlungsmöglichkeiten unter Bezugnahme auf pädagogische Prinzipien (vgl. Richter/Röken 2016) zu fragen. Das bedeutet, dass unterrichtliche Impulse notwendig sind, „um eine eigentätige, nicht-reglementierte Wirklichkeitserschließung im Sinne eines bildungswirksamen Entwicklungsprozesses in Gang zu setzen" (ebd., S. 232), und zwar ohne dass der Eindruck entsteht, dass es dafür vereinfachte und unterkomplexe Lösungen gäbe. Mittels der pädagogischen Perspektive im Rückgriff und in Einklang mit den Vorstellungen von Dietrich Benner (vgl. Benner 2001, S. 105 ff.) kann geprüft werden, ob gesellschaftliche Ansprüche und Zumutungen pädagogischen Ansprüchen genügen (vgl. Röken 2014, S. 103) und ob sie das Eigenrecht pädagogischen Handelns anerkennen. Der individuelle Anspruch auf Autonomie ist mit den gesellschaftlichen Zumutungen so in Beziehung zu setzen, dass die Heranwachsenden in die Lage versetzt werden, „sich fortschreitend Reflexions- und Handlungsspielräume zu erschließen" (Rühle 2017, S. 228). Gerade die Thematisierung der selbst erfahrenen schulischen Sozialisationsprozesse und -mechanismen, die im Kontext einer grundlegenden Bestimmung der Funktionen der Schule und einer aktuellen Analyse des Paradigmenwechsels in der Bildungspolitik erschlossen werden, bietet sich für selbst- und gesellschaftsreflexive Bildungsprozesse für die Schüler*innen an. So ergeben sich Möglichkeiten, die formalen und latenten Regeln der Institution Schule im Kontext gesellschaftlicher Reproduktion zu verstehen und den Widerspruch von Freiheit und Unterwerfung als inneren Widerspruch von Bildung aufzugreifen, zu analysieren (vgl. Koneffke 2006, S. 33) und sich hinsichtlich einer Neuorientierung zu öffnen. Der Rückgriff auf solche bildungstheoretischen Reflexionen, die unter Einbeziehung der bisher im Pädagogikunterricht erworbenen Kenntnisse auch auf die eigene Person und ihr Gewordensein erweitert werden können, bieten einerseits Chancen, die eigene Selbstheit in den spezifischen gesellschaftlichen Relationen zu begreifen. Andererseits eröffnet sie auch Möglichkeiten der Identifikation und des Verstehens der gesellschaftlichen Widersprüchlichkeiten und einschränkenden Verhältnisse für eine selbstbestimmte Subjekthaftigkeit in solidarischer Mitmenschlichkeit. Werden solche Optionen unterrichtlich ergriffen, stellt sich der Pädagogikunterricht berechtigt dem Anspruch, eine „geistige Form praktischer Emanzipation“ (Bernhard 2011 a, S. 92) zu ermöglichen. Das setzt voraus, dass sich die Fachlehrer*innen intensiv und engagiert darum bemühen. Zu einem solchen Bemühen gehört auch stets, die schulischen Sozialisationsmechanismen und deren Verwobenheit in die strukturell hierarchisch organisierten Macht- und Herrschaftsverhältnisse in der Zwangsinstitution Schule mitzureflektieren (vgl. Röken 2020, S. 35 f.).

III. Folgerungen und Forderungen in Bezug auf Teil I

1. Der Alleinvertretungsanspruch des MpR und dessen monokulturelle Bearbeitung im Unterricht und im Zentralabitur sind wegen der Verunmöglichung der Beurteilung des Modells, der Missachtung des Kontroversitätsgebotes und wegen vorhandener Defizite des MpR in der Erklärung der Wechselwirkung zwischen Individuierung und Vergesellschaftung aufzugeben. Statt einer eindimensionalen Funktionalisierung dieses Modells ist die Möglichkeit zu kritischer Distanz dazu einzuräumen, bei dem der Schein der Unabänderlichkeit der theoretischen Prämissen zu durchbrechen ist und die Deutungshoheit angezweifelt werden kann. Diskursive und kommunikative Einhegungen jeglicher Art sollten vermieden werden, insbesondere im Zentralabitur. Sollte es in Persistenz bei der bisherigen Art und Weise der Beschäftigung mit dem MpR bleiben, ist sukzessive damit zu rechnen, dass der zentrale Anspruch des Faches, also die Ermöglichung pädagogischer Bildung, mehr und mehr erodiert und das Profil des Faches weiter konfundiert.
2. Eine Ausweitung auf andere Konzepte zur Erklärung des Verhältnisses von Individuum und Gesellschaft und damit zum Verständnis der menschlichen Sozialnatur im Pädagogikunterricht ist notwendig, um in den Inhaltsfeldern 3 und 4 des KLPs EW die Möglichkeit zu bieten, kontroverse Vorstellungen zu Entwicklung und Sozialisation sowie deren Geltungsansprüche (vgl. KLP EW, S. 26) kennenzulernen und pädagogisch beurteilen zu können. Dazu gehört auch, dass Identität in ihrer Entwicklung, in ihrer besonderen Ausprägung, Zerrissenheit und Widersprüchlichkeit unter Einbeziehung der jeweils konkreten historisch-gesellschaftlichen Voraussetzungen und Bedingungen analysiert wird, um Perspektiven humaner Verhältnisse unter veränderten Bedingungen mit dem Ziele einer Subjektwerdung, reflektiert und Möglichkeiten der Befreiung aus solchen Gehäusen der Hörigkeit überdacht werden können. Im Unterricht sollte es deshalb möglich sein, dass die Schüler*innen in die Lage versetzt werden, ihren eigenen gesellschaftlichen Horizont zu erweitern, und zwar so, dass die Möglichkeit für eine Neufassung des Verhältnisses von Individuum und Gesellschaft entsteht. Sozialisationsverhältnisse, die eine Herausbildung selbstbestimmter Persönlichkeitsstrukturen negativ beeinflussen, distanzierte Reflexionen der eigenen Identität behindern und sie damit gefährden, sind deshalb in konkreter Weise zu analysieren, wozu beispielsweise auch die Untersuchung der spezifischen Aneignungs-, Ausdrucks- und Gestaltungsformen von benachteiligten Jugendlichen in prekären Milieus gehören. Um die Einseitigkeit des MpR zu überwinden, soll in wesentlichen Grundzügen auf die Milieu- und Habitustheorie von Pierre Bourdieu zurückgegriffen werden, da sie mit der Ermöglichung relationalen Denkens weder dem subjektivistischen noch dem objektivistischen Paradigma und so keiner Dichotomie sozialen Handelns erliegt. Zudem bietet sie mit dem Konstrukt des sozialen Raums, des Feldes und dem Akteur, der immer schon in der Form verinnerlichter gesellschaftlicher Strukturen soziales Handeln vollzieht, Möglichkeiten an, darüber zu reflektieren, wie Emanzipation und Mündigkeit angesichts von entgegengesetzten Bedingungen, verinnerlichten Mechanismen, von symbolischer Gewalt und Kräfteverhältnissen ermöglicht werden können, sodass Ansatzpunkte für eine solchermaßen vertiefte pädagogische Reflexivität gewonnen werden können. Um diese noch zu erweitern und Identitätsbildung und menschliche Vergesellschaftung in ihren spezifischen gesellschaftlichen Formen und Strukturen verstehbar zu machen und den Zusammenhang von Lebens- und Gesellschaftsgeschichte konkret aufarbeiten zu können, kann das Konzept der Identitätsbildung und menschlichen Vergesellschaftung von Klaus Ottomeyer weiterhelfen. Mit ihm besteht die Möglichkeit, die verinnerlichten gesellschaftlichen Widersprüche reflexiven Prozessen zugänglich zu machen.

3. Um dem Anspruch pädagogischer Bildung als dem durchdringenden Prinzip und dem Ziel des Pädagogikunterrichts zu entsprechen, ist es erst einmal notwendig, sozialisatorische Gewohnheiten, die vorher verstanden werden müssen, unter einer pädagogischen Perspektive zu problematisieren. Sozialisationsprozesse pädagogisch perspektiviert sind dann anders zu analysieren, indem danach gefragt wird, wie bei der Einwirkung auf Heranwachsende soziale Kontexte Berücksichtigung finden sollen, wie Sozialisationsprozesse so gestaltet werden können, dass sie auf eine Erweiterung der Selbst- und Weltsicht abzielen, sodass bildende Wirkungen möglich werden können und eine abstrahierende Distanz zur Sozialisation einnehmbar ist, um die Geltungsgebundenheit sozialisatorischer Ansprüche beurteilend zu prüfen. Eine pädagogisch durchdachte Aufforderungspraxis ist so zu entwickeln und deren Bedeutung für Kinder und Jugendliche unter deren spezifischen Sozialisationsbedingungen auslotbar zu gestalten. Letztendlich geht es um die Beantwortung der Frage, wie Sozialisationsbedingungen so gestaltet werden können, dass eine eingreifende und einwirkende Praxis in systematischer Weise so gedacht, entwickelt und realisiert werden kann, dass sie dem Anspruch von pädagogischer Bildung entspricht. Wie kann und soll dem Eigenrecht pädagogischen Denkens und Handelns unter gesellschaftlichen Reproduktionsbedingungen, Strukturen von Heteronomie und Entfremdung Geltung verschafft werden, ohne dabei in eine Postulatspädagogik zu verfallen, die das soziale Beziehungsgeflecht in seinen konkreten Ausprägungen und widersprüchlichen Bestimmungsmustern und -momenten nicht analysiert und reflektiert? Der Pädagogikunterricht fragt deshalb in Anknüpfung an Bourdieu danach, wie der Prozess der pädagogischen Bildung so gestaltet werden kann, dass mit der „Doxa“ einer selbstverständlichen Sichtweise auf die soziale Welt gebrochen werden kann (vgl. Bremer 2011, S. 189), wie durch Irritation, Befremdung, unterrichtlich inszenierte Diskrepanzerfahrungen die im eigenen Habitus gefangenen Wahrnehmungs- und Handlungsmuster thematisiert werden können und wie sie für neue Sichtweisen geöffnet werden können bzw. wie sie ggf. zu modifizieren sind, um eine humane Subjektwerdung nicht nur für den Einzelnen, sondern für alle in den Blick zu nehmen. Es geht um eine Erörterung, ob eine Transformation des Habitus' möglich ist und wenn ja, wie sie ermöglicht werden kann. Darin wird vor allem ein Beitrag gesehen, die pädagogische Selbstreflexion einerseits im Hinblick auf die restriktiven Bedingungen und Voraussetzungen der Subjektwerdung und andererseits bezogen auf die Anleitung und Einwirkung auf die Personagenese und die damit verbundenen Bildungsprozesse zu entwickeln und eine darauf bezogene pädagogische Urteilsbildung zu elaborieren sowie Möglichkeiten pädagogischen Handelns zu erörtern. Formen einer hegemonialen Durchdringung des Pädagogikunterrichts durch das MpR und eine damit verbundene Selbstunterwerfung unter solche Konstruktionen könnten so möglicherweise überwunden werden.
4. Hinsichtlich einer möglichen unterrichtlichen Realisierung können die Anknüpfungspunkte für pädagogisches und gesellschaftskritisches Denken für den Pädagogikunterricht, die Fred Heindrihof formuliert hat (Heindrihof 2017. S. 210 ff.), aufgegriffen werden. Damit kann es gelingen, dass einseitige Theoriekonstrukte (wie z. B. das MpR) fragwürdig (vgl. ebd., S. 218) gemacht und auf ihre Erklärungsbegrenzungen hin geprüft werden. Durch die hier angesprochenen erweiterten Perspektivierungen mittels der zusätzlichen Theorieelemente einer vertieften Bestimmung des Verhältnisses von Individuum und Gesellschaft und unter Berücksichtigung der diese kritisch reflektierenden Erziehungs- und Bildungsvorgänge und die mit ihnen verbundenen Mündigkeitsoptionen besteht so die Möglichkeit, dass Identitätsentwicklungsprozesse angemessen verstanden und deren Geltungsgebundenheit und -ansprüche prüfend erörtert werden.

IV. Schlussbetrachtung zum ersten Teil

Möglicherweise mag diese problemorientierte und kritische Auseinandersetzung mit dem MpR nicht durchgängig populär sein, weil es einfacher und weniger aufwendig ist, das Modell mit den Schüler*innen zu erarbeiten und ggf. im Verständnis der „Appendixfalle“ noch intervenierende oder auch präventive „pädagogische“ Handlungsoptionen zu entwickeln, wenn Jugendliche in ihrer Entwicklung Risikowege beschreiten. Sollte diese Annahme zumindest eine eingeschränkte Berechtigung haben, dann wird damit allerdings nur deutlich, dass eine solche kritische Analyse des MpR unbedingt notwendig ist, um Oberflächlichkeit und Fehlentwicklungen im Pädagogikunterricht zu vermeiden und um vor allem die

Prinzipien der Kontroversität und Mehrperspektivität im unterrichtlichen Diskurs zu sichern, ja auch, um kognitive Dissonanzen als Lernmöglichkeit zu eröffnen und Diskursausschlüsse zu vermeiden. Nur wenn übliche Vorstellungen und vermeintliche „Heilslehren“ nicht einfach reproduziert werden, sondern kritischen und metareflexiven Prozessen unterzogen werden, kann angenommen werden, dass pädagogische Bildung weiterhin ihren wissenschaftspropädeutischen Charakter behält und die notwendige problemorientierende Möglichkeitsdimensionen erreicht, die Perspektiven und Alternativen im Hinblick auf verbesserte Bedingungen und Chancen zur Gestaltung des Verhältnisses von Individuum und Gesellschaft einschließt.

V. Die Entwicklungsaufgaben und deren Bewältigung im Lebenslauf als Kernannahmen einer produktiven Realitätsverarbeitung in kontroverser und kritischer Perspektive (Teil II)

Nach unserer grundsätzlichen Kritik am MpR unter Rückgriff auf Ansätze einer kritischen Bildung (vgl. Röken 2019) verdeutlichen wir hier in einer sehr verkürzten Form die Problematik der Entwicklungsaufgaben, die wir in der Online-Version differenzierter untersucht haben. Die Begründung für die Beschäftigung mit den Entwicklungsaufgaben gibt Klaus Hurrelmann selbst: „Zu einem der Schlüsselkonzepte der Sozialisationstheorie gehört das der Entwicklungsaufgaben.“ (Hurrelmann 2018, S. 5)

Entwicklungsaufgaben formulieren vermeintliche gesellschaftliche Anforderungen an Jugendliche. Die gesellschaftlichen und ökologischen Anforderungen werden als gegeben angenommen und der Mensch wird in einseitiger Weise als Löser dieser Aufgaben angesehen. Die gesellschaftlichen Widersprüche, denen das Individuum ausgesetzt ist, die sich in es hineinverlagern, die sich dort fortsetzen und sedimentieren, wären aufzuarbeiten. Aber das unterbleibt bei den Entwicklungsaufgaben nach Hurrelmann. Gesellschaftliche Widersprüche werden auf individuelle Unzulänglichkeiten reduziert. Eine neoliberale Selbstregulierung der Subjekte, die ihre Entwicklungsaufgaben autonom durch Selbstmanagement zu lösen haben, steht auch bei den Entwicklungsaufgaben im Vordergrund. Hurrelmann huldigt den Hoffnungen auf Selbstoptimierung des Individuums.

Es wird bei den Entwicklungsaufgaben nicht gefragt, wie die äußere Realität beschaffen sein müsste, um eine emanzipatorische Selbstentfaltung unter den Bedingungen von Gemeinsinn und Solidarität für das Individuum zu ermöglichen. Wie können die Entwicklungsaufgaben so gelöst werden, dass es möglich wird, „sich aus Abhängigkeitsverhältnissen gesellschaftlicher, politischer und kultureller Art herauszulösen, um die gesellschaftlichen Lebensverhältnisse in Eigenregie gestalten zu können“ (Bernhard 2017, S. 159)?

Wichtig erscheint uns, dass die Entwicklungsaufgabe „Bildung“ fehlt. Bildung böte die Möglichkeit, die eigenen Sozialisationsprozesse und die Sozialisation beeinflussenden gesellschaftlichen Verhältnisse in selbstreflexiver und kritischer Weise zu erkunden und zu analysieren, um so das soziale Beziehungsgeflecht, in dem sich das Individuum bewegt hat und aktuell bewegt, annähernd zu verstehen. Derartige Analysen müssen immer verknüpft werden mit einem Nachdenken, wie es denn ganz anders sein könnte: „Wenn anders gehandelt worden wäre, hätten sich möglicherweise andere Tatsachen ergeben, so dass verfügbare Daten pädagogisches Handeln nicht verbindlich leiten können“ (Gössling 2003, S. 104). So wäre ein Anknüpfungspunkt gegeben, nach pädagogischen Optionen zu fragen, die sich solchen Anforderungen in widerständiger Weise stellen. Thesenartig soll abschließend auf die einzelnen Entwicklungsaufgaben Bezug genommen werden.

1. Die Entwicklungsaufgabe Qualifizieren

Qualifizieren konzentriert die gesellschaftlich definierten Anforderungen an Jugendliche auf den Arbeitsbereich. Jugendliche sollen Fähigkeiten erwerben, um „die gesellschaftliche Mitgliedsrolle eines Berufstätigen … übernehmen“ (Hurrelmann 2018, S. 5) zu können. Hurrelmann muss jedoch zugeben, dass eine solche Definition „zum großen Teil nicht mehr gesellschaftlich eindeutig vorgegeben (werden kann, F. H. / G. R.); oft sind nur die Ziele … formuliert, der Weg zum Erreichen dieser Ziele aber steht in der Verantwortung des Individuums. Hier fehlt es an einer präzisen Fassung …“ (Hurrelmann / Bauer

2015, S. 223). Seine Wortwahl in vielen Publikationen erweckt jedoch den Anschein, als ob es „die" gesellschaftlichen Anforderungen gäbe (vgl. Hurrelmann/Quenzel 2012, S. 28).

Heutige Zumutungen an jeden Berufstätigen fasst Hurrelmann mit dem Begriff des „Arbeitskraft-Unternehmer(s)" zusammen. „Arbeitskraft-Unternehmer werden gewissermaßen zu aktiven Maklern der eigenen Fähigkeiten und individuellen Qualifikationen" (ebd., S. 179). Es eröffnen sich ihnen einerseits Gestaltungsspielräume, andererseits erfordert es aber „starke Selbstdisziplinierungen" unter „hohem Leistungsdruck". Das kann man beispielsweise gut bei den vielen Beschäftigten in Paketdiensten, aber nicht nur dort, studieren, die zudem prekär bezahlt werden. Gerade der Arbeitsmarkt im heutigen Postfordismus ist gekennzeichnet von massiven Umbrüchen in allen Bereichen der Lohnarbeit, z. B. durch Leiharbeit (ca. eine Million Menschen arbeiten in Leiharbeitsfirmen in Deutschland), Werkarbeitsverträge, die Aufkündigung der Tarifbindung (Tarifflucht), eine umfassende Deregulierung der Arbeit, befristete Beschäftigungsverhältnisse, Sozialdumping und durch Formen sekundärer Ausbeutung (vgl. Dörre 2010, S. 134 ff.). Als Folge neoliberaler Politik hat die soziale Spaltung der Gesellschaft mit massiver Zunahme materieller Ungleichheit wie auch die Armut in Deutschland in rasanter Weise zugenommen (vgl. Hartmann 2018, S. 105 ff.). Hurrelmanns Verständnis der Arbeitswelt bleibt dagegen abstrakt und affirmativ. Ergebnisse der kritischen Diskussionen um das „unternehmerische Selbst" (Bröckling 2007) finden sich nicht in seinen Überlegungen, obwohl sie relevant sind für Sozialisationstheorien. Jugendliche sollten lernen, sich in ein Verhältnis zu Qualifikationen zu setzen, gesellschaftlich-ökonomische Anforderungen differenziert zu betrachten, Macht- und Herrschaftsinteressen zu durchschauen und mögliche Alternativen zu denken. Müssen Jugendliche nicht auch orientiert an sozialen Maßstäben über Qualifikationen nachdenken? Dazu erfährt man bei Hurrelmann nichts.

Vor dem Hintergrund fehlender Ausführungen zur ökonomischen Lage und seiner reduzierten, undifferenzierten Sicht auf die Entwicklungsaufgabe „Qualifizieren", weist Hurrelmann der Schule eine Zulieferungsfunktion zu. Er hebt Funktionen der Schule hervor (vgl. Hurrelmann/Quenzel 2012, S. 114), unabhängig von einem möglichen Bildungsauftrag, er setzt Bildung mit Qualifizierung gleich.

2. Die Entwicklungsaufgabe Binden

Jugendliche lösen diese Entwicklungsaufgabe, indem sie eine Körper- und Geschlechtsidentität entwickeln, sich emotional und sozial von den Eltern ablösen, die Fähigkeit der intimen Bindung an eine Partnerin oder einen Partner aufbauen und letztlich die „Bereitschaft und Fähigkeit zur Familiengründung mit eigenen Kindern" (Hurrelmann/Bauer 2015, S. 108) anstreben. „Damit ist die 'biologische Reproduktion' der Gesellschaft gewährleistet" (ebd., S. 108). Diese Hinweise deuten auf den affirmativ funktionalen Charakter der Hurrelmannschen Argumentationen hin. Hurrelmann u. a. streben immer das Gelingen von individuellen Lösungen einer Entwicklungsaufgabe an, die zugleich einen Beitrag zur sozialen Integration und für die Stabilisierung der Gesellschaft darstellen. Was verstehen sie aber unter einer gelingenden Lösung der Entwicklungsaufgabe „Binden"?

- Gehören zur Körper- und Geschlechtsidentität die freie Gestaltung und das lustvolle Experimentieren mit dem eigenen Körper und mit Liebesbeziehungen (ebd., S. 133), oder soll es nur vorübergehend in der Jugendzeit gelten und mit einer festen Partnerbindung enden? Im Unterschied zu Hurrelmann u. a. konkretisiert z. B. Helmut Fend diese Entwicklungsprozesse Jugendlicher, indem er sein Verständnis von Entwicklungsaufgaben differenziert auf „den Körper bewohnen lernen", „den eigenen Körper annehmen und sich darin wohl fühlen lernen", „sich im eigenen Körper beheimaten", „den Umgang mit Sexualität lernen", auslegt (Fend 2001, Kapitel 3.2 und 3.3.). Sich mit inneren diffusen Ängsten auseinandersetzen, eigene Schamgrenzen und moralische Einwände sowie die seiner Partnerin, seines Partners wahr und ernst nehmen und trotzdem in Liebesbeziehungen lustvolle Praktiken entwickeln usw., weisen auf komplexe Lernprozesse in Partnerinteraktionen hin, die für eine befriedigende langfristige Sexualität auf der Basis empathischer Gegenseitigkeit bedeutsam sind.
- Was macht eigentlich eine befriedigende Beziehung aus? Sind Beziehungen gleichzusetzen mit Bindungen? Wie befreit man sich aus Bindungen? Gehört es nicht zum Bildungsauftrag von Schule über die Qualität von Beziehungen, über ihre Unfassbarkeit und Unergründlichkeit mit Jugendlichen nachzudenken, sodass sie sich öffnen auch für nicht-realistische Wirklichkeiten? Gibt es Möglichkeiten in

der Schule, Jugendliche in ihrer Sprache und ihren Ausdruckfähigkeiten zu Körper- und Beziehungserfahrungen herauszufordern, sodass sie zu einer differenzierten Sprache über Emotionen fähig und ermutigt werden?

- Wie lösen sich Jugendliche von ihren Eltern? Wie gelingt es ihnen, ihre verinnerlichten Elternbilder zu verkleinern, emotionale Fixierungen von entsprechenden Erinnerungsvorstellungen abzulösen und eine eigene Moral im Über-Ich zu entwickeln? Zwar verweisen Hurrelmann und Bauer auf psychoanalytische und psychosoziale Ansätze (Freud, Erikson), ergänzen ihre Ausführungen durch eine vermeintlich kritische Würdigung (Hurrelmann/Bauer 2015, S. 60 f.), aber in ihren weiteren Ausführungen kommen diese Ansätze kaum zur Geltung. Weder nutzen sie psychoanalytische Begriffe (das Unbewusste, Verdrängungen, Abwehrmechanismen, Ersatzbildungen usw.) noch setzen sie sich mit neueren Ansätzen psychoanalytischer Theoriebildung auseinander. Entsprechend bleiben ihre Ausführungen zur Ablösung der Jugendlichen von ihren Eltern oberflächlich.

Durch ein bloßes Beschreiben gesellschaftlicher Erwartungen an Bindungen können die inneren Ambivalenzen, affektiven inneren Konflikte und Selbstzweifel Jugendlicher sowie ihre Phantasiebildungen nicht verdeutlicht werden. Die Beschreibungen sind zudem nicht anschlussfähig an zentrale pädagogische Fragestellungen der Einwirkung auf Jugendliche, und zwar so, dass deren Ich-Selbst und reflexives Sich-Selbst perturbiert werden. Gefragt sind Orientierungen und Ermutigungen für eigene Erprobungen im Umgang mit Jugendlichen, für ein alternatives Erzieher*innenverhalten, das Umgangsweisen mit dem jeweils individuellen Jugendlichen erlaubt.

3. Die Entwicklungsaufgabe Konsumieren

„Die souveräne Nutzung von Konsum-, Medien- und Freizeitangeboten gehört zu einer der zentralen Entwicklungsaufgaben in jeder Lebensphase.“ (Hurrelmann/Bauer 2015, S. 184) Es geht aber nicht bloß um Nutzungen „zum eigenen Vorteil“ (Hurrelmann/Quenzel 2012, S. 37), sondern um soziale und ökologische Verantwortung im Konsum-, Medien- und Freizeitbereich. Eine eigene Position zum Warenmarkt einzunehmen, erfordert zunächst einmal, wirtschaftliche Gesamtzusammenhänge zu verstehen. Da jeder Jugendliche mit Diskursen zu diesen Thematiken konfrontiert ist, muss er/sie zudem eigene Wertungsmaßstäbe entwickeln und begründen und Rechenschaft ablegen vor sich selbst und anderen, wie er/sie welche Waren und Lebensmittel konsumieren will. Die kritische Reflexion und Diskussion in Schulen muss damit einhergehen, dass Jugendliche Widerstandsmöglichkeiten gegen kulturindustrielle Zugriffe und Manipulationen erkennen sowie mögliche Alternativen kennenlernen. In Hurrelmanns Ausführungen insgesamt erscheint die Zielperspektive der Entwicklungsaufgabe Konsumieren in der Rolle als Konsum- und Wirtschaftsbürger lediglich affirmativ.

Es wird erneut keine pädagogische Perspektive eingenommen. Wenn das Interesse des Begriffs Entwicklungsaufgabe darin bestehen sollte, gesellschaftliche Anforderungen an Jugendliche zu bestimmen, so muss auch umgekehrt gefragt werden können, welche Anforderungen die Jugendlichen an die Gesellschaft stellen. Sie verfügen über eigene Vorstellungen davon, „was es bedeutet Jugendlicher zu sein“ (Göppel 2005, S. 76). „Was kommt heraus, wenn man Jugendliche nicht mit standardisierten Fragebögen konfrontiert, in deren Fragestellungen und Antwortvorgaben sich immer schon die theoretischen Vorannahmen der Verfasser widerspiegeln, sondern einfach einen ganz weiten und offenen Erzählimpuls vorgibt?“ (ebd., S. 76) Göppel betont die Notwendigkeit, „individuelle Lebensgeschichten zu verstehen und subjektive Sinnperspektiven nachzuvollziehen“ (ebd., S. 78). Für pädagogische Interaktionen mit Jugendlichen ist es wichtig, dass Erzieher nicht bloß über ein Wissen zu unterschiedlichen Typen von Jugendlichen verfügen, sondern über geistig-methodische Fähigkeiten so mit Jugendlichen im Gespräch zu bleiben, dass sie ihre Individualität erahnen und Einwirkungen, die ihre Selbst- und Weltsicht erweitern, mit ihnen reflektieren und sie in praktischen Vorhaben ggfs. unterstützen.

4. Die Entwicklungsaufgabe Partizipieren

Hurrelmanns Ausführungen zur politischen Partizipation bleiben oberflächlich. Er berücksichtigt nicht, dass Partizipation kein Wert an sich ist (vgl. Röken 2019a). Es ist ja nicht so, dass politische Partizipation generell begrüßenswert ist. Vielmehr kommt es mit Roland Reichenbach darauf an, „mit welchen Zielen (man, F.H./G.R.) politisch aktiv wird“ (Reichenbach 2006, S. 40). Hurrelmann folgt bedauerlicherweise einer „aktivistischen Ideologie“ (ebd., S. 44). Aktiv beteiligt sein, heißt im Hinblick auf eine Entwicklungsaufgabe, die sich der Aufgabe politischer Bildung stellt, gar nichts, da „auch gefährliche Dummköpfe ... aktiv sein“ (ebd.) können. Ein angemessenes und sinnvolles Entwicklungsziel wäre unter Wahrnehmung der Unterscheidung zwischen politischer Bildung und demokratischer Erziehung (vgl. Röken 2011, S. 190f. u. Röken 2014), wie Jugendliche ggfs. zur Teilnahme an der demokratischen Lebens-, Gesellschafts- und Herrschaftsform (vgl. Himmelmann 2001) aufgefordert und wie „Perspektiven einer kritischen Demokratiebildung unter globalen politischen und sozio-ökonomischen Bedingungen“ (Lösch 2011, S. 122) entwickelt werden können.

In Hurrelmanns Ausführungen wird zudem ausgeblendet, dass Partizipation dazu tendiert, „politische, ökonomische und soziale Ungleichheit zu reproduzieren und zu verschärfen“ (Hedtke 2012a), ja, dass dies schon lange Realität ist, insbesondere im Bildungswesen. So üben vor allem „Eltern der Mitte“ (Heinemann 2017, S. 270) ihre Partizipationsmöglichkeiten im Interesse von Distinktion und sozialer Homogenität aus, durchkämpfen ihre Vorteile als sowieso schon Begünstigte mit allen Mitteln und treten als „Karrieremanager“ (ebd., S. 267) ihrer Kinder auf wie beim Hamburger Volksentscheid 2010 gegen ein längeres gemeinsames Lernen in einer Schule. Die Entwicklungsaufgabe der Partizipation müsste daher sozial ausdifferenziert werden und sich so verstehen, dass einer „schichtenspezifischen ›Ausmendelung‹“ (ebd., S. 280) schon frühzeitig entgegengetreten würde. Es muss verdeutlicht werden, wie Partizipation vor allem in dem sozial-kulturellen Umfeld der sozialen Benachteiligung nachhaltig ablaufen sollte, welche Bedingungen dafür die Voraussetzungen wären, um die Partizipationschancen dieser Kinder und Jugendlichen zu erhöhen. Wird die soziale Heterogenität nicht beachtet, wird so getan, als hätten alle gemäß der meritokratischen Ideologie die gleiche Chance bei kompetenter Bewältigung der Entwicklungsaufgabe sich öffentlich artikuliert einzubringen. Wie kann Partizipation jenseits von Pseudo-Partizipation und von Funktionalisierung so gelingen, dass eine Befreiung von strukturell benachteiligten Kindern und Jugendlichen aus den sie benachteiligenden und behindernden Abhängigkeiten und Restriktionen erfolgreich gelingen kann?

VI. Fazit zum zweiten Teil

Insgesamt sollte der komplexe Vorgang der Sozialisation in seiner Bedeutung für die Pädagogik nicht in einer verkürzenden, entproblematisierenden und affirmativen Art und Weise wie bei Hurrelmann dargelegt werden. „Eine nicht-affirmative pädagogische Praxis, die Heranwachsende für eine Mitwirkung an der menschlichen Gesamtpraxis aufschließt und die Bereiche gesellschaftlichen Handelns für eine Mitwirkung der Heranwachsenden öffnet, muss Fragen von Kindern und Jugendlichen als Fragen provozieren und interpretieren, in denen für die Heranwachsenden etwas diesen schon Bekanntes in deren Fragehorizont gestellt (Aufforderung zur Selbsttätigkeit) und vor den Heranwachsenden gesellschaftlich Vorgegebenes fragwürdig wird (Überführung gesellschaftlicher in pädagogische Determination). Solche Fragen beziehen sich in dem, was in ihnen fraglich wird, stets sowohl auf die individuelle als auch auf die gesellschaftliche Seite der Erziehungspraxis.“ (Benner 2010, S. 147)

Nachbemerkung:

Die beiden Teile des in diesem Heft nur sehr verkürzt veröffentlichten Beitrages können auf der Internetseite des VdP aufgerufen werden, um die Argumentation in vollständiger, substanzieller und differenzierter Weise nachvollziehen zu können. Auch das Literaturverzeichnis ist dort niedergelegt.

*Fred Heindrihof/Gernod Röken: Das Modell des produktiv-realitätsverarbeitenden Subjekts (nicht nur) im Zentralabitur im Fach Erziehungswissenschaft – eine endlose Problemgeschichte. Oder: Wie Schüler*innen als affirmative Anwender*innen eines vorgegebeneKonstruktes instrumentalisiert werden* (Teil I)

Text 3

Ullrich Bauer und Klaus Hurrelmann: Viele Grundlagen, aber auch offene Fragen – die ständige Aktualisierung des MpR

Wir möchten in diesem Beitrag die durchaus »produktive« Kritik von Heindrihof und Röken zum Ausgangspunkt nehmen. Dabei soll es nicht um eine Entkräftung oder Widerlegung ihrer Argumente gehen. Vielmehr werden die wichtigen Aspekte ihrer Perspektive zum Ausgangspunkt genommen, um den Kern der Auseinandersetzung mit dem MpR im sozialisationstheoretischen, vor allem aber im schulischen Kontext herauszustellen. Die Frage nach der Sinnhaftigkeit der Beschäftigung mit dem MpR muss sich vor dem Hintergrund einer aktuellen Zeitdiagnose stellen. Dass viele der von Heindrihof und Röken genannten Kritikpunkte sich auf die Geschichte des MpR beziehen, ist für diese Frage nach dem Aktualitätsbezug nicht hinderlich. Deswegen werden die wichtigsten Kritikpunkte in die Jetztzeit transformiert, um auch sie für den Aktualitätscheck des MpR verwenden zu können.

Die Mehrdimensionalität in der Sozialisationsforschung

»Dem Problem der herrschaftlichen Nutzung kollektiver und individueller Sozialisationsprozesse wird in diesem Theoriehorizont keine angemessene systematische Bedeutung zugemessen«, schreiben Heindrihof und Röken (PU 1/2020, S. 33) als Kernproblem des MpR und folgern daraus: »Die Verantwortung für das Misslingen bzw. Gelingen der Sozialisation wird von den subjektiven Kapazitäten und Ressourcen des produktiv die Realität verarbeitenden Subjekts abhängig gemacht. Keine Notwendigkeit wird im Rahmen dieses Sozialisationsbegriffs der Erklärung introjizierter Herrschaftsstrukturen zugemessen, die dazu beitragen, die bestehenden Gesellschaftsstrukturen zu stabilisieren und zu reproduzieren.« (ebd.) Diese Kritik ist damit verbunden, dass die kapitalistischen Grundlagen der Vergesellschaftung nicht ausreichend im Fokus des MpR stehen. Auf diese Weise – so muss die Kritik von Heindrihof und Röken weiterverstanden werden – würden ungleiche Lebenschancen individualisiert, also nur auf die Ausstattung der einzelnen Menschen mit unterschiedlichen Kompetenzen zurückgeführt. Sie werden aber nicht mit den dahinterliegenden Ungleichheits- und Benachteiligungsverhältnissen vermittelt. Dass damit das autonome Subjekt überschätzt und Strukturbedingungen unterschätzt werden, ist eine bereits ältere Kritik, die schon früh davor warnt, dass die Grundannahmen des MpR missverständliche Interpretationen erlauben. Eine solche »Subjektorientierung« (Geulen 1999) darf nicht zur »Subjektzentrierung« (Bauer 2002) führen. Auf diese Weise wird eine sozialisationstheoretische Perspektive beschnitten und man spricht im engeren Sinne über die Psychologie der Entwicklung, nicht über eine mehrdimensionale Einbettung von Sozialisationsprozessen. Diese Mehrdimensionalität ist natürlich das besondere Kapital der Perspektive auf Sozialisation, weil damit die Verbindungen sichtbar werden, die ungleiche politische, historische und regionale Ausgangsbedingungen, hierarchische Lebenskontexte, der Stand der Technikentwicklung sowie die Verschiedenartigkeit der Nähe zu Ideologien, Medienkonsum und natürlich Schule, Familie und Gleichaltrige mit einem sich entwickelnden Menschen, also der sich entwickelnden Psyche und den damit verbundenen Fähigkeiten auf kognitiver und sozialer Ebene eingehen.

Sozialisation bedeutet immer Interaktion

Interaktion zwischen diesen Ebenen ist der wichtige Zentralbegriff, der das sozialisationstheoretische Denken kennzeichnet. Keine wissenschaftliche Darstellung, aber auch keine propädeutische oder didaktische Annäherung darf hierüber hinweggehen. Wenn Sozialisation nur einseitig aus der Subjektperspektive oder der Perspektive der sozialen Strukturen aus gedacht wird, sind zentrale Vermittlungsschritte unberücksichtigt. Sozialisation bekommt man nur im Paket dieser miteinander verschnürten Prozesse. Das Modell der produktiven Realitätsverarbeitung hat seit seiner Entstehung versucht, innerhalb der vorhandenen Theorien und Forschungsbefunde eine bestimmte Verortung des Blickes auf Sozialisation vorzunehmen. Hierzu gehört auch ein definitorischer Zugriff. Dieser beinhaltet, dass Sozialisation einen Interaktionsprozess bezeichnet, der das gesamte Leben erfasst und die Beziehung zwischen der sich entwickelnden Persönlichkeit und den umgebenden sozialen und materiellen Strukturen einschließt. Aus dieser Perspektive wird die Persönlichkeitsentwicklung als eine ständige Interaktion zwischen dem Individuum und den umgebenden gesellschaftlichen Bedingungen verstanden. Diese Interaktionserfahrungen werden aktiv und produktiv verarbeitet und dabei sowohl mit den inneren körperlichen bzw. psychischen als auch den äußeren sozialen und physischen Gegebenheiten austariert.

Interaktionsprozesse, in denen sich ein Mensch über die gesamte Lebensspanne hinweg befindet, sind ein Modus der Anpassung an gesellschaftliche Anforderungen. Diese Interaktionsprozesse können eine bestimmte Entwicklung der Persönlichkeit wahrscheinlich machen, nicht aber (wie schon argumentiert) eindeutig festlegen. Eine analytische Perspektive muss darum immer von den Wahrscheinlichkeiten ausgehen, die durch Einbindung in typische Interaktionsstrukturen bedingt sind. Hierzu gehört der Einfluss von Lebenswelten oder der Wohnumfelder, aber natürlich auch das Einkommen, Krankheit oder der Bildungsgrad im familialen Netzwerk. Sie alle können Einfluss nehmen auf die Entwicklung einer einzelnen Persönlichkeit. Nicht nur, aber auch, weil sie »prägen«, wie ein immer noch sehr allgemeines Verständnis von Sozialisation nahelegt. Sie können auf der anderen Seite auch Individuierungseffekte erzeugen, weil Menschen ihre Umstände verstehen oder sie bewusst ändern wollen. Genau an dieser Stelle beginnt das spannungsreiche Miteinander unterschiedlicher Perspektiven auf das Objekt und die sozialen Strukturen, wo die Empirie dazu zwingt, komplexe theoretische Perspektiven zu entwickeln. Auf drei Ebenen, die für das MpR zentral sind, soll diese Herausforderung erörtert werden.

1. Die anthropologische Ebene

Die eröffnenden Ausführungen haben schon deutlich gemacht, dass ein Hauptaugenmerk der sozialisationstheoretischen Perspektive auf der Frage liegt, wie Menschen sich entwickeln, geprägt werden und Autonomiefähigkeit ausbilden. Diese Debatte wird häufig als anthropologische Ebene bezeichnet. Sie ist im MpR fest verankert und bezieht sich dabei auf die Klassikerliteratur aus der Psychologie wie der Soziologie. Man kann das Ergebnis dieser Diskussion zwischen den unterschiedlichen Perspektiven mit Pierre Bourdieus praxeologischer Standpunktbeschreibung zusammenfassen. Für Bourdieu, dessen »Habitus«-Konzept für das MpR inzwischen wegweisend geworden ist, muss die menschliche Entwicklung als sozial determiniert und als wandelbar zugleich wahrgenommen werden. Der Gegensatz zwischen Fremd- und Selbstsozialisation ist in der Perspektive Bourdieus nur eine künstliche Unterscheidung zweier wissenschaftlicher Sichtweisen. In der Realität sind beide Standpunkte immer miteinander verbunden. Entwicklungsprozesse sind also einerseits durch eine Übermacht der sozialen Strukturen gekennzeichnet; Bourdieu zeigt das durchgehend an der Wirkung von Herkunftseffekten auf die Produktion und Reproduktion sozialer Ungleichheiten. Gleichzeitig aber wird das Subjekt immer wieder herausgefordert, weil sich Umstände, unter denen sich einmal eine bestimmte Persönlichkeitsstruktur als »Habitus« herausgebildet hat, ändern und damit auch die Persönlichkeit zu Veränderungen zwingen.

Heute wird daher davon ausgegangen, dass Sozialisation als Prozess verstanden werden muss, der von der Auseinandersetzung eines Menschen mit seiner Umwelt abhängt, die gesamte Lebensspanne begleitet und nicht mit den Lebensphasen Kindheit und Jugend abgeschlossen wird. Die oben genannte Definition von Sozialisation als Interaktion macht dies bereits deutlich. Interessant ist allerdings, dass der Rückenwind für die Perspektive des MpR nun vor allem aus den Naturwissenschaften kommt. Wurde deren Beitrag in der sozialisationstheoretischen Perspektive fast durchgängig als Plädoyer für eine Perspektive der biologischen Reifung oder Vererbung verstanden, lässt sich jetzt eine andere Tendenz wahrnehmen. Die noch vor wenigen Jahren befürchtete genetische Orthodoxie ist ausgeblieben, an die Stelle der »genetischen Determination« ist das Konzept der »genetischen Disposition« getreten. Genetik, Epigenetik und neurowissenschaftliche Ansätze bestätigen heute die grundlegende Ausrichtung der Sozialisationstheorie mit ihrer Betonung der Interaktion von Subjekt- und Struktureffekten. Diese Einsichten bereichern das, was im MpR als innere Realität des Menschen bezeichnet wird.

Es ist nicht auszuschließen, dass sich in Zukunft eine neurowissenschaftlich inspirierte Sozialisationsforschung oder eine sozialisationsorientierte Neurowissenschaft entwickelt. Schwerpunkt könnten kritische Lebensereignisse in der Kindheit wie etwa Missbrauchserfahrungen sein, die so einschneidend sind, dass sie epigenetische Veränderungen hervorrufen. Dazu könnte eine besondere Stressanfälligkeit gehören, die wiederum Folgen für den Aufbau individueller Vulnerabilität hat. Durch diese Ansätze wird die einfache, fast mechanische Vorstellung, dass sich die Persönlichkeit immer dann ändert, wenn sich die Umwelt durch das Eintreten unvorhergesehener Lebensereignisse wandelt, präziser und differenzierter. Hierdurch werden persönlichkeitspsychologische und milieusoziologische Theorien bestärkt, die auf die lang andauernde Wirkung von Lebensbedingungen hinweisen, durch die stabile Persönlichkeitseigenschaften herausgebildet werden.

Befunde der Neurobiologie und insbesondere auch der Epigenetik lassen sich so interpretieren, dass der Gegensatz von Anlage und Umwelt aufgehoben wird, weil sich die genetische Ausstattung eben nicht als mechanische Determination (als feststehende Biologie) der menschlichen Entwicklung erweist, sondern stets in der »Interaktion« mit der Umwelt zur Geltung kommt. Selbst die Genstruktur eines Menschen steht hiernach unter dem Einfluss von Umwelteinflüssen. Wenn die epigenetische Struktur wirksam wird, dann in einer Variante, in der eine Person-Umwelt-Interaktion bereits stattgefunden hat.

Die anthropologische Dimension der Debatte über Sozialisation ist deswegen heute brisant und es lohnt, diesen Fokus auf die Subjektperspektive zu stärken. Alte Gegensätze lösen sich auf, krude Biologismen haben sich ebenso überlebt wie vereinfachte Prägungsannahmen. Michael Tomasello, der frühere Co-Direktor am Max-Planck-Institut für evolutionäre Anthropologie, fasst das folgendermaßen: »Dieser epigenetische Ansatz mit Bezug auf die psychologische Entwicklung des Menschen steht in scharfem Kontrast zu so vielen so genannten nativistischen Ansätzen, die sich auf die Evolution berufen, um einfach zu behaupten 'Es ist angeboren!' und sich damit zufrieden geben (was ich früher als 'allzu simplen Nativismus' bezeichnet habe). Ein gründlicher evolutionärer Ansatz mit Bezug auf die psychologische Entwicklung des Menschen wird die dynamischen Prozesse beschreiben und erklären, die bestimmte ontogenetische Entwicklungspfade gestalten.« (Tomasello 2020, S. 42)

2. Die Ebene der Kontexte

Die anthropologische Ebene der Diskussion über Sozialisation verspricht, die Bedingung der Interaktion von biologischen und sozialen Dynamiken der Entwicklung zu bereichern. Bisher wird in dieser Debatte das sozialwissenschaftliche Fundament von Sozialisation eher bestätigt als geschwächt. Es zeigt aber auch, wie vielfältig, differenziert und unterschiedlich die Einflüsse sind, denen Menschen in ihrer Entwicklung ausgesetzt sind.

Daher muss man kritisch fragen, ob man mit dem von Fred Heindrihof und Gernod Röken bezeichneten Zugang, der auf Aspekte der »herrschaftlichen Nutzung kollektiver und individueller Sozialisationsprozesse« zielt, ausreichend breit argumentieren kann. Es ist nicht gesagt, dass diese Perspektive nicht zentral ist. Im Gegenteil, für die Lösung gesellschaftlicher Probleme, die mit Gewalt, Ungleichheit oder Ausbeutung zusammenhängen, ist die Analyse von Herrschaftsmechanismen unentbehrlich. Aber: Die Vielfältigkeit der menschlichen Entwicklung auf eine materialistische Herrschaftsperspektive zurückzuführen, ist nicht unproblematisch. Dies wurde schon vor über 50 Jahren in der Hochzeit jener Ansätze diskutiert, die wie der Strukturfunktionalismus und der Marxismus individuelle Eigenschaften als reine Anpassungszwänge dominanter Umwelten interpretierten und damit der Konstruktionsfähigkeit des Menschen kaum Raum ließen.

Viele kapitalismuskritische Autorinnen und Autoren melden auch noch in der Jetztzeit Skepsis an einem solchen Vorgehen an. Der Soziologe Albert Scherr, einer der prominentesten sozialwissenschaftlichen Kritik-Vertreter in Deutschland, glaubt nicht, dass die grobe Formel kapitalistischer Herrschaft ausreichend sensitiv ist, um die Vielgestaltigkeit heutiger Lebensbedingungen abzubilden. »Eine im strikten Sinne kapitalistische Gesellschaft wäre demnach eine Gesellschaft, in der alle Organisationsformen und menschlichen Tätigkeiten darauf ausgerichtet sind, Profitmaximierung zu ermöglichen.« (Scherr 2020, S. 54) Dass, wie Scherr sagt, nicht alle sozialen Einrichtungen auf Profitmaximierung ausgerichtet sind, ist selbstverständlich ein Bruch mit der sehr homogenen Herrschaftsperspektive materialistisch-marxistischer Ansätze. Ein solcher Bruch ist aber wichtig, weil die damit verbundene Perspektive zu eng ist. In der Sozialisationsforschung ist das offensichtlich, die Debatte hierüber hatte schon zum Ende der schichtspezifischen Ansätze geführt. Empirische Erkenntnisse zeigen, dass Impulse aus der Umwelt viel reichhaltiger die individuelle Lebensführung beeinflussen als bloße Herrschaftsverhältnisse. Dadurch wird eine herrschaftskritische Perspektive nicht überflüssig. Sie muss aber neben anderen Perspektiven gesehen werden. Noch einmal mit Albert Scherr formuliert: »Es gibt demnach, pointiert formuliert, vielfältige gesellschaftliche Ursachen von Scheitern, Leiden, psychosozialen Problemverdichtungen und biografischen Krisen.« (Scherr 2020, S. 61)

Diese vielfältigen gesellschaftlichen Ursachen haben vor allem mit der Einbindung in sehr differenzierte Kontexte zu tun. Dem hohen Maß an Unterschiedlichkeit auf der Ebene der inneren Realität korrespondiert die Differenzierung auf der Ebene der Kontextbedingungen, die im MpR als äußere Realität des Menschen bezeichnet werden. Für diese Kontexte, in denen Menschen interagieren, Persönlichkeitseigenschaften und Fähigkeiten ausbilden, muss sich ein analytischer Blick immer wieder sensibilisieren. Natürlich gehören zu diesen Bedingungen der äußeren Realität die Einflüsse der Familie und Schule, der Wohn- und Lebensbedingungen oder der Gleichaltrigengruppen. Diese Schlagworte sollten aber nicht zu verallgemeinernden Chiffren werden. Hinter jedem Begriff steckt ein ungeheures Maß an Unterschiedlichkeit. Familien können klein oder groß sein, Orte der Geborgenheit oder der Gewalt, schützen oder vernachlässigen, stimulieren oder konservieren. Als Orte der Mikro-Sozialisation üben sie die frühesten Einflüsse auf einen Menschen aus und hängen gleichzeitig von Ressourcen und Mentalitäten derjenigen ab, die eine Familie bilden. Ressourcen sind eingebunden in ein vielfältiges Netz der sozialstaatlichen Sicherheit, ökonomischen Ausgangsbedingungen und Chancengerechtigkeit; Mentalitäten hängen mit Herkunftskulturen, der Milieuzugehörigkeit und den individuellen Lebensverläufen der Mitglieder einer Familie zusammen. Wenn in Familien interagiert wird, wirkt also ein Universum der Bedingungen mit, die so vielfältig sind, dass wir die Wirkungen dieser Interaktionsbeziehungen nur selten pauschal bewerten können. In dieser Perspektive ist es fast schon überraschend, dass es Ähnlichkeiten zwischen bestimmten Milieus und Herkunftsfamilien gibt.

Die dominanten Einflüsse sind es, die in das Panorama der Unterschiedlichkeit Schneisen schlagen und Forschende erkennen lassen, was die Triebkräfte der Entwicklung ausmacht. In der ungleichheitsorientierten Sozialisationsforschung ist das möglich. Der bekannteste Zugriff auf die Frage, warum sich Ungleichheiten so stabil reproduzieren, stammt aus der US-amerikanischen Forschung. Annette Lareau (2003) und ihr Forschungsteam haben dort über viele Jahre hinweg die Erziehungsstile in Familien mit unterschiedlicher Ressourcenausstattung untersucht und konnten zeigen, wie unterschiedlich soziale Milieus ihre Kinder auf den Wettbewerb einstellen, der spätestens ab dem Eintritt in die Schule beginnt.

Die Schule mit all ihren Unterschiedlichkeiten ist das nächste Universum, das kaum noch als homogenes Gebilde wahrgenommen werden darf, sondern als Ergebnis vieler Bedingungen, zu denen die Größe, regionale Lage oder die soziale Komposition zählt. Von hier aus ist es ein kleiner Schritt in die Sozialisationsbedingungen unter Gleichaltrigen, die frei gewählt wirken, aber wiederum von den Bedingungen milieuspezifischer Mentalitäten, der sozialen Situierung und natürlich den räumlichen Mobilitäts- und Entfaltungsmöglichkeiten junger Menschen abhängen.

Wenn eine sozialisationstheoretische Perspektive hier sicher auch Früchte der Forschung benennen kann, lassen sich die Leerstellen nicht übersehen. Zu diesen Leerstellen gehören die Bedingungen der Sozialisation durch die digitalen Medien. Junge Menschen verbringen heute durchschnittlich mehr Zeit mit dem Smartphone und Tablet als in der Schule. Selbst die Zeit in der Familie ist durch die großen Phasen der „anwesenden Abwesenheit" gekennzeichnet. Nur, was passiert in den sozialen Medien? Wer wählt was? Und vor allem, was bedeutet das? Der apokalyptische Pessimismus, den Neurowissenschaftler wie Manfred Spitzer verbreiten, ist natürlich vollkommen fehl am Platz. Dies hilft einer wissenschaftlichen Perspektive nicht, die verstehen will, was Kontexte in der Entwicklung eines Menschen bedeuten, wenn sie raumlos-virtuell sind, aber in die reale Welt hineingreifen und dort Konsequenzen haben.

3. Die Ebene der Partizipation

Die beiden vorangegangenen Ebenen sind Aktualisierungen bestehender Perspektiven. Die anthropologische Ebene bezeichnet die Erkenntnisse zur inneren Realität eines Menschen, die Ebene der Kontexte die der äußeren Realität. Hinter beiden befindet sich der Dialog der auf das Subjekt und die sozialen

Strukturen bezogenen wissenschaftlichen Diskussion. In kurzer Zeit steht die Diskussion über Sozialisation an der Schwelle dazu, die Orientierung an den beiden Leitdisziplinen Soziologie und Psychologie zu erweitern und viel weiter in die Natur- (Neurowissenschaften, Genetik, Biologie, Medizin etc.) und Sozialwissenschaften (Pädagogik, Erziehungs-, Kulturwissenschaft, Kindheits-, Jugendforschung etc.) hineinzuleuchten.

Neben diesen wichtigen Aktualisierungen gibt es auch inhaltliche Innovationen. Das MpR in der aktuellen Fassung versucht auch hierauf einzugehen. So ist das zehnte Prinzip zur Gestaltung und Bewältigung gesellschaftlicher Herausforderungen ein neues Element. Es hebt darauf ab, dass die nachwachsende Generation von wirtschaftlichen, ökologischen und politischen Herausforderungen global betroffen ist und die Lösung komplexer Krisenphänomene von einer gemeinsamen Gestaltungsfähigkeit abhängt. Der partizipative Charakter zeigt sich nun darin, dass viel stärker auf die von einer nachwachsenden Generation geäußerten Problemperspektive eingegangen wird. Damit wird eine auktoriale Position der Wissenschaft verlassen, in der junge Menschen immer nur passiv vorkommen. Sie sind darin abhängig von den Situationsdefinitionen einer wissenschaftlichen Perspektive. Im MpR ist diese Dichotomie zwischen aktiv und passiv längst aufgebrochen. Der Modus der produktiven Realitätsverarbeitung zielt immer schon auf die aktiven Anteile des Subjektes. Jetzt geht es weiter, indem junge Menschen in jeder Lebensphase (mit den Worten der Kindheitsforschung) als »beings« und nicht lediglich als »becomings« wahrgenommen werden. Schon Kinder sind also an der Konstruktion ihrer Realität beteiligt. In diesem Sinne müssen sie auch Eingang in die Theoriebildung der Sozialisationsforschung finden.

Die Perspektive des MpR geht noch einen Schritt weiter. Dabei wird davon ausgegangen, dass sich Lernende oder Studierende, Schülerinnen und Schüler in einer Doppelrolle befinden, wenn sie sich mit der Sozialisationsperspektive befassen. Sie sind nämlich Objekte und Subjekte zugleich. Sie erhalten als Objekte eine Art Rezeptwissen über den Prozess des Aufwachsens, zugleich aber sind sie selbst als Subjekte beteiligt. Sie empfangen also nicht nur ein zubereitetes Wissen, sie sind Koch und Köchin, die mit den Zutaten spielen und ihr eigenes Menü zusammenstellen. Diese fast schon banale Einsicht darf nicht vergessen werden, weil damit Folgen für die Sozialisationstheorie verbunden sind.

So sympathisch die Darstellung von Heindrihof und Röken in Bezug auf Herrschaftskritik ist, darf hier nicht die normative mit der analytischen Perspektive vermischt werden. Wenn Herrschaft alles durchdringt und Menschen sie verinnerlichen (»introjizieren«), dann gibt es kein Subjekt mehr, das die Steuerung übernehmen kann. Erkenntnistheoretisch ist dies eine Aporie, ein Widerspruch, der unauflöslich erscheint: Es wird ein Subjekt dargestellt, das angepasst und bewusstlos durch Herrschaft ist; gleichzeitig aber existieren Subjekte, die diese Herrschaft erkennen, wissend werden und diese Beherrschung durchbrechen.

Der aporetische Kurzschluss setzt auf die Figur der Erleuchtung und tut so, als ob es im Verhältnis zwischen Herrschaft und Kritik nur das »on« oder »off« der Beherrschung und kein Dazwischen gibt. Genau das aber fehlt. Eine der wichtigsten Lehren aus den Defiziten im monokausalen Denken der materialistisch-marxistischen Ansätze ist, dass der Blick auf das teilnehmende Subjekt, der partizipative Zugang, fehlt.

Die praktische Konsequenz daraus ist, dass das MpR der Wahrnehmung einer nachwachsenden Generation als »beings« weiter Rechnung trägt (Hurrelmann 2014). Dies bedeutet mehr Aufmerksamkeit für Kinder und Jugendliche als Forschende, wofür der schulische Rahmen in ungeheurem Maße tauglich ist, aber kaum ausgenutzt wird. Es ist ein Gegensatz, der thematisiert werden muss. Wenn ältere Konzepte, wie beispielsweise das der psychosozialen Entwicklung nach Erikson noch immer so viel Raum im Unterricht einnehmen, muss das hinterfragt werden. Natürlich ist »Rezeptwissen« angenehm zu vermitteln, aber es befindet sich in keiner Nähe zu einer aktuellen wissenschaftlichen Position. Kurz gesagt, es gilt als vollkommen überholt. Dagegen bekommen Wahrnehmungen der Schülerinnen und Schüler zu den Schlüsselproblemen ihrer Lebensführung zwar Raum, aber zumeist mehr in der Diskussion und nicht im Lehrplan.

Unser Plädoyer ist also, keine sophistische Diskussion zu führen, sondern den Nutzen einer Sozialisationstheorie für die Schülerinnen und Schüler herauszustellen. Sie sollen und sie können forschen, ihre eigenen Wahrnehmungen einbringen und damit den Doppelcharakter von Sozialisation – geprägt werden und gestalten können – erfahren.

Schluss

Das MpR tritt in der 14. Auflage überarbeitet und »renoviert« auf, die weiterhin zehn Prinzipien sind an die neuere Forschungsdiskussion angepasst worden. Die kritische Auseinandersetzung von Heindrihof und Röken mit dem MpR kommt darum richtig, weil sie Fragen eröffnet, die auch im Autorenduo seit rund sechs Jahren eine Rolle spielen. Ein solcher Kritik-Dialog sollte geführt werden, auch wenn hier eher Zustimmung signalisiert wird und es nicht um ein Pro-und-Contra, sondern um die Schärfung von Unterrichtsperspektiven gehen sollte. Der für die Darstellung wichtigste Aspekt beinhaltet, dass die Erkenntnisse neuerer Zugänge nicht außer Acht gelassen werden dürfen. Das Wissen über Entwicklungsprozesse des Menschen nimmt vor allem in den letzten Jahren in ungeheurer Weise zu. Dies eröffnet in der sozial- und naturwissenschaftlichen Perspektive neue Dialogmöglichkeiten. Auch die psychologische Debatte profitiert davon. In der Persönlichkeitspsychologie spricht man von Persönlichkeitseigenschaften mit einer hohen transsituativen Konsistenz, die – einmal ausgebildet – über eine lange Dauer hinweg und handlungsfeldübergreifend wirksam bleiben. Pointiert könnte man sagen, es ist die Rückkehr der Umwelt in die auf das einzelne Individuum bezogenen Ansätze der Psychologie, Genetik und Verhaltensforschung.

Dass diese Ansätze wiederum mit vielen soziologisch orientierten Ansätzen übereinstimmen, ist die wirkliche Überraschung der im engeren Sinne anthropologischen Perspektive. Gleichzeitig geben diese Ansätze einen Einblick in sensible Phasen von Entwicklungsdynamiken und in die Interaktion zwischen Genetik, Epigenetik, neuronaler Grundstruktur und Umweltreizen. Auf der anderen Seite verändern sich die Themen und Zugänge der Sozialisationsforschung. Hier können wir als wissenschaftliche Autoren nur von der notwendigen Neugierde sprechen, um dieses Zukunftsprojekt neuer Forschungsfragestellungen auszumalen. Es wäre fahrlässig, bereits von Fakten zu sprechen – erst recht von jenen, die eine neue digitale Kultur in Schemata einordnen, die binär nach der Konservierung oder Durchbrechung von Herrschaft codieren. Unsere Einschätzung geht in die andere Richtung und sieht eine inhomogene, sehr offene und durchaus demokratisierende Kultur, die jetzt davon abhängt, wie sie gestaltet wird. Das gilt dann umso mehr für eine Auseinandersetzung in der Schule. Nicht nur also die Aushandlung der Themen, sondern auch die Art und Weise, wie mit Schülerinnen und Schülern pädagogisch gearbeitet wird, muss den Charakter des Partizipativen haben. In dieser Hinsicht ist der Pädagogikunterricht eine hoch relevante Disziplin der gesellschaftlichen Krisenbearbeitung.

Literatur

Bauer, Ullrich (2002) Selbst- und/oder Fremdsozialisation. Zur Theoriedebatte in der Sozialisationsforschung. Eine Entgegnung auf Jürgen Zinnecker. In: Zeitschrift für Soziologie der Erziehung und Sozialisation (ZSE), 22. Jg., H. 2, S. 118–142.

Gesellschaftstheoretische Verortungen – Professionspolitische Positionen – Politische Herusforderungen. Weinheim: Beltz-Juventa, S. 50–68.

Geulen, Dieter (1999) Subjekt-Begriff und Sozialisationstheorie. In: Leu, Hans Rudolf/Krappmann, Lothar (Hg.) Zwischen Autonomie und Verbundenheit. Bedingungen und Formen der Behauptung von Subjektivität. Frankfurt a. M.: Suhrkamp, S. 21–48.

Hurrelmann, Klaus (2014) Adolescents as productive processors of reality. In: Lerner, Richard M./Petersen, Anne C./Silbereisen, Rainer K. & Brooks-Gunn Jeanne (Eds.) The Developmental Science of Adolescence. New York: Psychology Press, S. 230–238.

Lareau, Annette (2003) Unequal Childhoods. Class, Race, And Family Life. Berkeley/Los Angeles/London: University of California Press.

Scherr, Albert (2020) Gesellschaftstheorie und Kapitalismuskritik. Eine Verhältnisbestimmung und ein Plädoyer für dialektische Vielteufelei. In: Otto, Hans-Uwe (Hg.): Soziale Arbeit im Kapitalismus

Tomasello, Michael (2020) Mensch werden. Eine Theorie der Ontogenese. Frankfurt a. M.: Suhrkamp.

Kommentar zum Materialband (Schülerband)

Das Lehrbuch „Produktive Realitätsverarbeitung als Herausforderung für professionelles Handeln in pädagogischen Institutionen" kann auf vielfältige Weise genutzt werden: als Lernaufgabe, als Lehrwerk oder als Material- und Aufgabenpool.

Die angebotenen Materialen dienen dem Erwerb reflexiven Fachwissens sowie der Vorbereitung einer pädagogischen Partizipations- und Handlungskompetenz und eröffnet Perspektiven für den allgemeinbildenden und berufsbildenden Pädagogikunterricht. Das Besondere der Materialien ist, dass die fachlichen Schwerpunkte in einer Idee für eigene kleinere Forschungsaktivitäten münden und so die Studierfähigkeit visiert.

Kapitel 1: Vorwissen und Fragestellung

Kapitel 1 dient der Aktivierung von Vorwissen und der Entwicklung einer Fragstellung, die als Ausgangspunkt für die Auseinandersetzung mit den zusammengetragenen Materialien verwendet werden kann. Der thematische Einstieg erfolgt hierbei auf Grundlage von zwei Texten, in denen die Autoren jeweils spezifische äußere Einflüsse auf Menschen erläutern, die sich nicht nur auf die Gesellschaft auswirken, sondern auch die individuelle Entwicklung von Individuen beeinflussen.

- In M1 werden die Folgen des menschengemachten Klimawandels und die sozialpolitischen Probleme unserer Gesellschaft dargestellt.
- M2 thematisiert die gesellschaftlichen Veränderungen und Folgen, die die gegenwärtige Corona-Krise hervorrufen kann bzw. bereits hervorgerufen hat.

Die dargestellten Krisen und gesellschaftlichen Entwicklungen betreffen auch die Gruppe der Lernenden und deren direktes Umfeld. Der damit erlangte lebensweltliche Bezug erleichtert den Zugang zur komplexen Thematik der Sozialisation und der sozialen Entwicklung eines Individuums, da die Einflüsse unmittelbar und subjektiv erfahrbar sind.

Kapitel 2: Erarbeitung einer pädagogischen Perspektive

Der in diesem Kapitel verwendete Begriff einer »pädagogischen Perspektive« steht nicht in einem unmittelbaren Zusammenhang mit der fachdidaktischen Diskussion, wie sie z. B. in »Bolle, Rainer (Hrsg.); Schützenmeister, Jörn (Hrsg.): Die pädagogische Perspektive. Anstöße zur Bestimmung pädagogischer Bildung und zur Profilierung des Pädagogikunterrichts. 1. Aufl. Baltmannsweiler: Schneider Hohengehren«, geführt wird. Er greift vielmehr eine sozialwissenschaftliche Konnotation auf, die im Unterrichtsgang in die fachdidaktische Diskussion eingeordnet werden sollte. Die Inhalte sind daher dahingehend zu befragen, ob und wie sie die Schüler*innen dabei unterstützen können, eine pädagogische Perspektive einzunehmen.

In Kapitel 2 werden die Lernenden in theoretische und empirische Grundlagen eingeführt, die für die Weiterarbeit von Bedeutung sind:

- In M1 wird der Begriff und Prozess der Sozialisation erläutert.
- M2 thematisiert die Sozialisation als lebenslangen Entwicklungsprozess von Individuen und die Bedingungen unter denen dieser stattfindet.
- M3 zeigt die Bedeutung sozialisationstheoretischen Wissens und zeigt verschiedene Kontexte, in denen dieses zum Einsatz kommen kann.
- In M4 wird das *Modell der produktiven Realitätsverarbeitung* (MpR) erläutert und die einzelnen Prinzipien dargestellt.
- M5 wiederum fasst Bourdieus Kapital-Theorie zusammen und stellt einen Zusammenhang zwischen dieser und den sozialisationstheoretischen Erkenntnissen her.
- In M6 wird die Notwendigkeit einer kritischen Pädagogik erläutert und die daraus resultierenden Konsequenzen für die erziehungswissenschaftliche Praxis herausgearbeitet.

Gleichzeitig werden die Lernenden durch Arbeitsaufträge dazu angeleitet, eine pädagogische Perspektive bei der Auseinandersetzung mit den Inhalten einzunehmen und sich auf dieser Ebene fundiert mit den Materialen auseinanderzusetzen.

Zusätzlich zum Schaffen einer sozialisationstheoretischen Grundlage bietet das Kapitel auch eine Einführung in Strategien der empirischen Arbeit in Form von kleineren Forschungsprojekten, die im Unterricht wissenschaftspropädeutisch eingesetzt werden können. Hierzu werden in M7 bis M10 allgemeine Forschungsprozesse erläutert und Leitfäden zum Verfassen von Forschungsberichten bereitgestellt.

Kapitel 3: Erarbeitung eines fachspezifischen Gegenstandes

Nachdem Fragestellungen erarbeitet und eine pädagogische Perspektive auf die Inhalte Sozialisation und das MpR eingenommen wurde, werden in Kapitel 3 nun verschiedene fachspezifische Gegenstände dargestellt, anhand derer ein jeweils spezifischer Zugang zu den übergreifenden Themen erarbeitet werden kann. Jeder dieser Gegenstände ermöglicht einen eigenen Blick auf Einflüsse und Herausforderungen, denen sich Individuen (insbesondere Jugendliche) im Verlauf der Sozialisation stellen müssen. Durch die formulierten Arbeitsaufträge wird dabei immer ein Rückbezug zum MpR hergestellt und die reflexive Auseinandersetzung der Lernenden angeregt.

Kapitel 3.1: Diversität und Ungleichheit

In diesem Kapitel werden die Lernenden dazu angeleitet, sich mit der Thematik Diversität und den daraus resultierenden sozialen Ungleichheiten auseinanderzusetzen. Diversität wird in sozialen Prozessen durch das Nebeneinander spezifischer Merkmale (Ethnizität, sozioökonomischer Status, Milieuzugehörigkeit, Sexualität, Kulturzugehörigkeit etc.) konstruiert. Es handelt sich um einen dynamischen Prozess, der Unterschiedlichkeiten zwischen Individuen erzeugen und damit auch eine Grundlage von Diskriminierung darstellen kann. Jeder Mensch erwirbt im Laufe der Sozialisation einen unterschiedlichen Pool an sozialen Diversitätsmerkmalen. Manche davon sind durch die familiäre Herkunft und Erziehung bedingt, andere beispielsweise durch die Bildungslaufbahn und Peergroups. Das Erleben von sozialer Ungleichheit stellt eine Herausforderung für die Identitätskonstruktion eines Individuums dar, es kann zu Verunsicherung in Bezug auf das eigene Selbst und die Persönlichkeit führen. Aufgrund dessen erscheint eine Auseinandersetzung mit dem Thema Diversität und Ungleichheit unter Einbezug des MpR und des Wissens zum Sozialisationsprozess von Kindern und Jugendlichen sinnvoll.

Die Lernenden können in diesem Kapitel einen Einblick in die sozialen Prozesse erhalten, die bedingt durch Diversität innerhalb der Gesellschaft soziale Ungleichheiten konstruieren. Im Zentrum stehen dabei:

- Die Corona-Krise und die daraus resultierende Verstärkung von Bildungsungleichheit bedingt durch die sozialen und ökonomischen Ressourcen der SuS (M1)
- Der Zusammenhang von Armut, dem Erwerb von kulturellem Kapital und die Folgen für die Lebensbiografien von Jugendlichen (M2)
- Herstellungsmechanismen von gesellschaftlicher Diskriminierung und Konstruktion von Strukturkategorien für soziale Ungleichheiten (M3)
- Die pädagogischen Konsequenzen für das deutsche Schulsystem, die sich aus dem Zusammenleben in einer Migrationsgesellschaft ergeben (M4)
- Sozial bedingte Merkmale psychischer und physischer Gesundheit und die Auswirkungen auf die Entstehung von sozialer Ungleichheit (M5)
- Health Inequalities als Resultat sozialer Ungleichheit (M6)
- Das Konzept der Migrationspädagogik und die Frage danach, wie ethnologisch bedingter Ausgrenzung und der damit verbundenen sozialen Ungleichheiten entgegengewirkt werden kann (M7)
- Strategien gegen Kinderarmut (M8).

Kapitel 3.2: Lebenslaufspezifische Anforderungen und Lebensbewältigung

Besonders in der Jugendphase werden Individuen mit spezifischen sozialisationstheoretischen Anforderungen konfrontiert, denen sie sich stellen und die sie bewältigen müssen, um das Ziel einer autonomen sozialen und gesellschaftlichen Handlungsfähigkeit und einer stabilen Ich-Identität erreichen zu können. In Kapitel 3.2 werden diese Herausforderungen und Entwicklungsaufgaben sowie Strategien zur Bewältigung dieser Anforderungen dargestellt.

Dabei wird in den einzelnen Materialen jeweils ein bestimmter Aspekt jugendlicher Sozialisationspraxis fokussiert:

- Die Folgen der Corona-Pandemie auf das Autonomieerleben von Jugendlichen (M1)
- Resilienz und die Angst, die die gegenwärtige Corona-Krise gerade bei Jugendlichen auslösen kann (M2)
- Lebenslaufspezifische Krisenerfahrungen eines Individuums und die jeweiligen Bewältigungsstrategien sowie der daraus resultierende Entwicklungsprozess (M3)
- Die gesellschaftlichen Folgen der Digitalisierung und die Konsequenzen für Schulen als Institution der Weiterbildung und Erziehung aber auch als Sozialisationsinstanz (M4)
- Die Verschiebung der Bedeutung der Sozialisationsinstanzen (Schule und Familie) im Zuge der Corona-Pandemie und die neuen Anforderungen an das Bildungssystem und die einzelnen Schulen (M5).

Kapitel 3.3: Gender

In Kapitel 3.3 können sich die Lernenden mit der Thematik genderspezifischer Sozialisation auseinandersetzen. Zum einen wird die an traditionellen Rollenbildern orientierte Sozialisation in den Blick genommen sowie geschlechterspezifische Ungleichheiten thematisiert, die aus diesen Rollenbildern entstehen. Zum anderen ist im Zuge der LGBTQIA-Bewegungen, die in den letzten Jahren immer aktiver wurden, eine wissenschaftliche Diskussion über das biologische und soziale Geschlecht des Individuums entstanden. Das soziale Geschlecht („gender“) wird in Sozialisationsprozessen konstruiert und stellt neben dem Biologischen einen wichtigen Aspekt der Identität dar. Neben der Frage nach den sozialen, biologischen, familiären sowie medialen Einflüssen auf die Entwicklung der Geschlechtsidentität, werden in diesem Kapitel auch die Herausforderungen thematisiert, denen sich queere Jugendliche während der Festigung bzw. Entwicklung ihrer Identität stellen müssen. Trotz immer aktiver werdender Protestbewegungen in der LGBTQIA-Bewegung ist Diskriminierung gegenüber queeren Jugendlichen und Erwachsenen stark verbreitet.

Das Kapitel beleuchtet die Genderthematik in Bezug auf die Identitätsbildung und die Sozialisation von Kindern und Jugendlichen aus verschiedenen Perspektiven:

- Diskriminierungsrisiken, denen queere Jugendliche ausgesetzt sind (M1)
- Genderspezifische Bildungsungleichheit (M2)
- Die Problematik des Gender-Marketing und die Beeinflussung der Entwicklung der Geschlechtsidentität durch Spielzeuge und den damit verbundenen traditionellen Rollenbildern (M3)
- Die Vorurteile gegenüber Frauen in Bezug auf die Intelligenz und das damit verbundene Selbstbild sowie die Möglichkeiten der Talentförderung unter dem Blickwinkel des MpR (M4)
- Sexualität als soziales Phänomen im Zeitalter des Internets sowie die Auswirkungen dieser Medialisierung auf die Entwicklung der sexuellen Identität (M5)
- Konzept des „doing-gender“; Ambiguitätstoleranz bei queeren Jugendlichen; Eindeutigkeitsannahmen als Grund für Diskriminierung (M6)
- Behandlung von Trans-Jugendlichen und die Risiken (M7)
- Die Thematisierung von Sexualität in der Schule, beleuchtet aus verschiedenen Perspektiven (M8)
- Die Frage danach, ob Jungen Bildungsverlierer sind und wie sie gefördert werden können (M9)
- Der Umgang von Eltern mit queeren Kindern und Jugendlichen (M10).

In den Aufgaben werden die Lernenden immer dazu angehalten, die neu gewonnenen Erkenntnisse mit ihrem Vorwissen zum MpR, der Sozialisation und der Identitätsentwicklung zu verknüpfen.

Kapitel 3.4: Identität

In diesem Kapitel steht die Auseinandersetzung mit dem Identitätsbegriff im Zentrum des ausgewählten Materials. Kaum eine Begrifflichkeit ist so facettenreich und vielschichtig wie der Begriff der Identität. Aus der sozialwissenschaftlichen Perspektive wird Identität als Selbstbild bzw. das *Ich* eines Individuums verstanden. Dieses konstruiert sich in sozialen und gesellschaftlichen Prozessen. Grundlegend ist die Fähigkeit, sich selbst sowie die eigene Wirkung nach außen auf andere einschätzen zu können. Besonders die Jugendphase ist existenziell für die Bildung einer starken Identität, die wiederum als vorteilhafte Eigenschaft eines Menschen für alle Lebensphasen verstanden wird. Die Lernenden können sich in diesem Kapitel mithilfe der Materialien und unter Rückbegriff auf die bereits gewonnenen Erkenntnisse und Eindrücke zum MpR mit dem Begriff der Identität und der Identitätsentwicklung intensiv auseinandersetzten.

Folgende Aspekte werden in den Materialien fokussiert:

- Die Identität als Substanz sowie die Identität als Prozess (M1)
- Der Unterschied zwischen personaler/individueller und sozialer/kollektiver Identität (M2)
- Die Identitätsentwicklung als lebenslange Entwicklungsaufgabe des Individuums (M3)
- Die Jugendphase als signifikante Phase der Entwicklung einer Ich-Identität (M4)
- Die Herausforderung einer stabilen Identitätskonstruktion unter den schwierigen Bedingungen in einer pluralisierten modernen Gesellschaft (M5)
- Identitätspolitik und gesellschaftliche Mechanismen der Diskriminierung und Integration (M6)
- Die besonderen Herausforderungen im Prozess der Identitätsentwicklung, vor die Jugendliche mit Zuwanderungsgeschichte gestellt werden und die Bedeutung von sowie der Umgang mit Ambiguitäten (M7).

Im Anschluss an das Material folgt ein Vorschlag für die Durchführung eines Forschungsprojektes (Leitfadeninterview). Mithilfe der zusammengestellten Informationen zu dieser Unterrichtsmethode, werden die Lernenden dazu befähigt, sich auf wissenschaftlichem Niveau mit den gelernten Inhalten auseinanderzusetzen.

Kapitel 3.5: Medien

In Kapitel 3.5 sollen die Lernenden die Folgen der Medialisierung und den daraus resultierenden veränderten Anforderungen an die Sozialisation sowie den Prozess der Identitätsentwicklung diskutieren. Im Fokus steht dabei die Nutzung von sozialen Medien und Plattformen zur Selbstdarstellung und Kommunikation mit anderen. Die digitalen Medien haben nicht nur Einfluss auf das Freizeitverhalten von Jugendlichen genommen, sondern bedingen gleichzeitig auch die Bildung einer stabilen Identität und den Prozess der Subjektwerdung im Verlauf der Sozialisation. Die veränderten medialen Bedingungen, unter denen Jugendliche heutzutage ihre Sozialisation durchlaufen, haben zu neuen Herausforderungen an die Individuen geführt, die erfolgreich bewältigt werden müssen, damit eine stabile Identität ausgebildet und das Ziel einer autonomen sozialen Handlungsfähigkeit erreicht werden kann.

Dem Material ist eine Einstiegsaufgabe vorangestellt, in dem die Lernenden die Möglichkeit bekommen, ihr eigenes Mediennutzungsverhalten zu reflektieren. So wird ein lebensweltlicher Bezug hergestellt, der einen besseren Zugang zu dem Themenbereich ermöglicht.

Die darauffolgenden Materialien thematisieren:

- Die Social-Media-Plattform *Tiktok* als Beispiel für die alltägliche Nutzung sozialer Medien zur Selbstdarstellung (M1)
- Die Identitätsarbeit von Jugendlichen in sozialen Netzwerken und die Chancen und Herausforderungen, die diese Form der Selbstdarstellung mit sich bringt (M2)

- Die Bedeutung von Bildern für die Selbstinszenierungspraktiken der Jugendlichen (M3)
- Der Einfluss medialer Entwicklung auf die intrafamiliären Beziehungen und die Bedeutung der Familie als Sozialisationsinstanz (M4)
- Die erschwerte Suche nach einem *authentischen Selbst* in einer digitalisierten Gesellschaft unter Einbezug der Erkenntnisse zum MpR (M5)
- Der veränderte Kontext, in dem Zugehörigkeiten zu Peers und anderen Gruppen in sozialen Netzwerken konstruiert werden und die Konsequenzen für die Sozialisation und die Identitätsarbeit eines Individuums (M6)
- Die Chancen und Gefahren digitaler Medien für die Entwicklung von Kindern und Jugendlichen sowie die daraus resultierenden veränderten Erziehungsziele (z. B. kritischer Umgang mit Informationen, Medienkompetenz etc.) (M7)
- Die veränderten Anforderungen an die biografische Arbeit von Individuen unter den Bedingungen des ständigen digitalen Archivierens und Präsentierens von Lebensmomenten (M8).

Für die vertiefende reflexive Auseinandersetzung der Lernenden mit diesem Thema, wird am Ende des Kapitels ein Vorschlag zur Durchführung eines Forschungsprojektes gemacht, mithilfe dessen sich die Lernenden den Einfluss digitaler Medien auf die eigene, sie unmittelbar umgebende Lebenswelt erschließen und diskutieren können.

Kapitel 4: Pädagogische Urteilsbildung

Nachdem auf Grundlage der gewonnenen Erkenntnisse zum MpR und den verschiedenen fachspezifischen Gegenständen einzelne Facetten der Sozialisation und Identitätsentwicklung von Jugendlichen erarbeitet wurden, bietet das vierte Kapitel nun die Möglichkeit, dass die Lernenden diese Eindrücke reflektieren und begründet Stellung beziehen bzw. sich ihr eigenes Urteil zu den fachlichen Inhalten bilden können. Als didaktisches Hilfsmittel wurden hierzu Leitfragen gesammelt sowie mögliche Formulierungen zum Erkennen der Leistungsniveaus bereitgestellt. Zudem werden zwei Ausgangspunkte für die Urteilsbildung zur Verfügung gestellt:

- M1 thematisiert die Professionalisierungsprozesse in verschiedenen Disziplinen und die damit verbundenen reflexiven Anforderungen an den Einzelnen in Bezug auf die eigene Aneignung von Wissen und Professionalisierung.
- M2 beschreibt die Unterrichtsmethode der Zukunftswerkstatt als ein geeignetes Mittel, um die pädagogische Urteilsbildung der Lernenden zu fördern.

Kapitel 5: Reflexion des Lernprozesses

Kapitel 5 bietet eine Reihe von Fragen an, mit denen der Lernprozess reflektiert werden kann. Dies kann zunächst individuell erfolgen, um dann anschließend gemeinsam im Plenum und mit den Lernenden den Erkenntnisgewinn und den Kompetenzerwerb transparent zu machen. Gleichzeitig wird es ermöglicht, durch den Reflexionsprozess die eigene Rolle als Lehrkraft und die gewählten Methoden und Zugänge mit den Schüler*innen gemeinsam zu erörtern und so mögliche Schwierigkeiten oder auch besonders gelungene didaktische Mittel zu evaluieren. Auch offengebliebene Fragen werden so für die gemeinsame Weiterarbeit im Kurs brauchbar gemacht.

Anhang: Materialübersicht | Quellenhinweise

1. Vorwissen und Fragestellung

M1 Menschheit und Klima außer Kontrolle (Hans Oette)

Quelle: Spiegel, 09/2019. Verantwortlich für den Inhalt der Anzeige: Hans Oette. 74196 Neuenstadt. hansoette@posteo.de. Über den Autor finden Sie Informationen unter https://hans-oette.de (27.11.2020; 09:12 Uhr).

M2 Wenn sich das Menschenbild ändert, ändert sich alles (Rutger Bregman)

Quelle: Bregman, R. (2020): Wenn sich das Menschenbild ändert, ändert sich alles. Verfügbar unter: https://www.zeit.de/zeit-magazin/2020/16/rutger-bregman-autor-historiker-traum (07.04.2020; 16:49 Uhr).

2. Pädagogische Perspektive (Fragen)

M1 Sozialisation (Hermann Veith)

Quelle: Veith, Hermann (2008): Sozialisation. München/Basel: Ernst Reinhardt Verlag München/Basel, S. 7–10.

M2 Sozialisation und Entwicklung (Hermann Veith)

Quelle: Veith, Hermann (2008): Sozialisation. München/Basel: Ernst Reinhardt Verlag München/Basel, S. 14–16.

M3 Warum ist sozialisationstheoretisches Wissen wichtig? (Hermann Veith)

Quelle: Veith, Hermann (2008): Sozialisation. München/Basel: Ernst Reinhardt Verlag München/Basel, S. 16–19.

M4 Das Modell der produktiven Realitätsverarbeitung (MpR) (Ullrich Bauer/Klaus Hurrelmann)

Quelle: Bauer, Ullrich & Hurrelmann, Klaus (2020): Einführung in die Sozialisationstheorie. Weinheim: Beltz.

M5 Bourdieus Kapital-Theorie (Joseph Jurt)

Quelle: Jurt, Joseph (2012): Bourdieus Kapital-Theorie. In: Bergman, Manfred Max (Hrsg.) (2012): Bildung, Arbeit, Erwachsenwerden: ein interdisziplinärer Blick auf die Transition im Jugend- und jungen Erwachsenenalter. Wiesbaden: Springer Fachmedien. S. 21–41.

M6 Kritische Pädagogik (Armin Bernhard)

Quelle: Bernhard, Armin: Kritische Pädagogik. Zusammenfassung aus „Pädagogisches Denken“. Verfügbar unter http://docplayer.org/21009893-Kritische-paedagogik-zusammenfassung-aus-paedagogisches-denken-armin-bernhard.html

M7 Der Forschungsprozess (Dietmar K. Pfeiffer/Carsten Püttmann)

Quelle: Pfeiffer, Dietmar. K. & Püttmann, Carsten (2018): Methoden der empirischen Forschung in der Erziehungswissenschaft. Eine Einführung. Münster, New York: Waxmann, S. 34.

M8 Analyse von Forschungsberichten (Dietmar K. Pfeiffer / Carsten Püttmann)

Quelle: Pfeiffer, Dietmar. K. & Püttmann, Carsten (2018): Methoden der empirischen Forschung in der Erziehungswissenschaft. Eine Einführung. Münster, New York: Waxmann, S. 38.

M9 Praxisforschung (Dietmar, K. Pfeiffer / Carsten Püttmann)

Quelle: Pfeiffer, Dietmar. K. & Püttmann, Carsten (2018): Methoden der empirischen Forschung in der Erziehungswissenschaft. Eine Einführung. Münster, New York: Waxmann, S. 185–186.

M10 Leitfaden zum Verfassen eines Forschungsberichts (Dietmar, K. Pfeiffer / Carsten Püttmann)

Quelle: Pfeiffer, Dietmar. K. & Püttmann, Carsten (2018): Methoden der empirischen Forschung in der Erziehungswissenschaft. Eine Einführung. Münster, New York: Waxmann, S. 189–192.

3. Erarbeitung einer fachspezifischen Perspektive (Argumentieren)

3.1 Diversität und Ungleichheit

M1 Das deutsche Schulbarometer: Corona-Krise verstärkt Bildungsungleichheit (Klaus Hurrelmann/ Dieter Dohmen)

Quelle: Hurrelmann, Klaus/ Dohmen, Dieter (2020): Das deutsche Schulbarometer. Corona-Krise verstärkt Bildungsungleichheit. Verfügbar unter https://deutsches-schulportal.de/expertenstimmen/das-deutsche-schulbarometer-hurrelmann-dohmen-corona-krise-verstaerkt-bildungsungleichheit/ (04.12.2020; 15:35 Uhr).

M2 „Unser Sozialstaat hat ganz empfindliche Probleme" (Fridolin Skala)

Quelle: Skala, Fridolin (2018): Unser Sozialstaat hat ganz empfindliche Probleme. Verfügbar unter https://www.faz.net/aktuell/politik/inland/jens-spahn-armutsforscher-olaf-groh-samberg-widerspricht-15491409.html) (04.12.2020; 15:35 Uhr).

M3 Diskriminierung: Die Verwendung von Differenzen zur Herstellung und Verfestigung von Ungleichheiten (Albert Scherr)

Quelle: Scherr, Albert (2012): Diskriminierung. Die Verwendung von Differenzen zur Herstellung und Verfestigung von Ungleichheiten. Verfügbar unter unter http://portal-intersektionalitaet.de/theoriebildung/ueberblickstexte/scherr/ (08.11.2020; 15:37 Uhr).

M4 „Pädagogik in falschen Verhältnissen" (Franziska Schubert)

Quelle: Schubert, F. (2019): Pädagogik in falschen Verhältnissen. Verfügbar unter: https://www.fr.de/wissen/paedagogik-falschen-verhaeltnissen-13124717.html (04.12.2020; 16:40 Uhr).

M5 Positive Gesundheit (Manfred Huber)

Quelle: Aus dem niederländischen Original übersetzt von: Stichting Institute for Positive Health (Hrsg.) Aan de slag met Positieve Gezondheid: download het gespreksinstrument en de iconen. Verfügbar unter: https://iph.nl/downloads/ (27.11.2020; 11:10 Uhr).

M6 Health Inequalities – Ein deutsches Problem? (Ullrich Bauer)

Quelle: Bauer, Ullrich (2006): Health Inequalities. Ein deutsches Problem. Verband alleinerziehender Mütter und Väter. Oktober 2006.

M7 Was ist Migrationspädagogik? (Paul Mecheril)

Quelle: Mecheril, Paul (2013): Was ist Migrationspädagogik? Verfügbar unter: https://www.gew-hb.de/aktuelles/detailseite/neuigkeiten/was-ist-migrationspaedagogik/ (08.11.2020; 15:12 Uhr).

M8 Kinderarmut bekämpfen. Und zwar so! (Klaus Hurrelmann)

Quelle: Hurrelmann, Klaus (2018): Kinderarmut bekämpfen, und zwar so. Verfügbar unter https://www.spiegel.de/wirtschaft/soziales/kinderarmut-diese-sechs-massnahmen-muss-eine-neue-bundesregierung-beschliessen-a-1185499.html (08.11.2020; 11:12 Uhr).

3.2 Lebenslaufspezifische Anforderungen und Lebensbewältigung

M1 BITTER SWEET 18 (Carla Baum/Sara Tomšić)

Quelle: Baum, Carla & Tomšić, Sara (2020): Bitter Sweet 18. Verfügbar unter: https://www.zeit.de/campus/2020-04/quarantaene-coronavirus-geburtstag-erwachsenwerden-pandemie/komplettansicht (20.06.2020; 10:44 Uhr).

M2 Angst ist ein großes Thema bei jungen Menschen (Sara Tomšić)

Quelle: Tomšić, Sara (2020): Jugend in der Corona-Krise. Angst ist ein großes Thema bei jungen Menschen. Verfügbar unter: https://www.zeit.de/campus/2020-04/jugend-coronavirus-krise-lockdown-psychologische-auswirkungen/komplettansicht (20.06.2020; 10:55 Uhr).

M3 Grunddimensionen der Lebensbewältigung (Lothar Böhnisch)

Quelle: Böhnisch, Lothar (2005): Sozialpädagogik der Lebensalter. Eine Einführung. Weinheim: Beltz Juventa 2005, S. 46–47.

M4 Bildung in der digitalen Welt: Eine neue Generation von Schülerinnen und Schülern braucht eine neue Generation von Schulen (Klaus Hurrelmann)

Quelle: Hurrelmann, Klaus (2019): Bildung in der digitalen Welt: Eine neue Generation von Schülerinnen und Schülern braucht eine neue Generation von Schulen. Verfügbar unter: https://www.fes.de/themenportal-bildung-arbeit-digitalisierung/bildung/artikelseite-bildungsblog/bildung-in-der-digitalen-welt-eine-neue-generation-von-schuelerinnen-und-schuelern-braucht-eine-neue-generation-von-schulen (20.06.2020; 11:27 Uhr)

M5 Sozialisation in Krisenzeiten (Ullrich Bauer / Klaus Hurrelmann)

Quelle: Bauer, Ullrich & Hurrelmann, Klaus (2020): Sozialisation in Krisenzeiten. Der Lockdown offenbart die Defizite des deutschen Schulsystems. In: Egbers, Julia & Himmelrath, Armin (Hrsg.) (2020): Schule nach Corona. Bern: Hep-Verlag.

3.3 Gender

M1 Studie zum Coming-Out: Fast 90 Prozent der queeren Jugendlichen werden online diskriminiert (Tilmann Warnecke)

Quelle: Warnecke, Tilmann (2019): Studie zum Coming Out. Fast 90 Prozent der queeren Jugendlichen werden online diskriminiert. Verfügbar unter https://www.tagesspiegel.de/gesellschaft/queerspiegel/studie-zum-coming-out-fast-90-prozent-der-queeren-jugendlichen-werden-online-diskriminiert/23828896.html (30.07.2020; 16:57 Uhr).

M2 Sie sind zu langsam! (Klaus Hurrelmann)

Quelle: Hurrelmann, Klaus (2016): Generation Y. Sie sind zu langsam! Zugriff am 30.07.2020 unter unter https://www.zeit.de/2016/23/generation-y-rollenbilder-beruf-mann-frau (30.07.2020; 15:58 Uhr).

M3 Prägt Spielzeug die Geschlechter? (Monika Dittrich)

Quelle: Dittrich, Monika (2019): Prägt Spielzeug die Geschlechter?
Zugriff am 29.07.2020 unter www.deutschlandfunk.de/von-pueppchen-piraten-und-affenkindern-praegt-spielzeug-die.724.de.html?dram:article_id=456033.

M4 Das geniale Geschlecht (Samiha Shafy)

Quelle: Shafy, Samiha: Das geniale Geschlecht. In: Der Spiegel 19 (2020), S. 110.

M5 Jugendsexualität – Sexuelle Sozialisation 4570 im Zeitalter des Internets (Silja Matthiesen / Arne Deker

Quelle: Matthiesen, Silja/Dekker, Arne (2018): Jugendsexualität. Sexuelle Sozialisation im Zeitalter des Internets. In: Lange, A. (2018) (Hg.): Handbuch Kindheits- und Jugendsoziologie. Wiesbaden: Springer Fachmedien. S. 379–392.

M6 Was, wenn nicht immer alles so eindeutig ist, wie wir denken? Erfahrung LSBT*-Jugendlicher in der Schule und das Konzept der Ambiguitätstoleranz (Meike Watzlawik, Ska Salden, Julia Hertlein)

Quelle: Watzlawik, M. / Salden, S. / Hertlein, J. (2017): Was, wenn nicht immer alles so eindeutig ist, wie wirdenken. Erfahrungen LSBT-Jugendlicher in der Schule und das Konzept der Ambiguitätstoleranz. In: Diskurs Kindheits- undJugendforschung.12 (2). S. 161–175.

M7 Einmal Mann sein, bitte (Katrin Hummel)

Quelle: Kathrin Hummel (2019): Einmal Mann sein, bitte. In: Frankfurter Allgemeine Sonntagszeitung 49 (2019).

M8 „Sexualität interessiert alle. Macht was draus!“ (Judith Luig)

Quelle: Luig, Judith (2019): Diversität. Sexualität interessiert alle. Macht was draus. Verfügbar unter https://www.zeit.de/gesellschaft/schule/2019-05/diversitaet-schulen-sexuelle-vielfalt-mobbing-diskriminierung (30.07.2020; 09:52 Uhr).

M9 Warum pauschale Jungenförderung ins Leere läuft (Jürgen Budde)

Quelle: Kuhn, Anette (2020): Warum pauschale Jungenförderung ins Leere läuft. Verfügbar unter https://deutsches-schulportal.de/unterricht/juergen-budde-bildungsverlierer-warum-pauschale-jungenfoerderung-ins-leere-laeuft/ (21.08.2020; 08:11 Uhr).

M10 Wenn Kinder homosexuell sind (Maximilian Geißler / Andrea Pryzklenk)

Quelle: Geißler, Maximilan & Przyklenk, Andrea: Wenn Kinder homosexuell sind. Verfügbar unter https://www.familienhandbuch.de/babys-kinder/bildungsbereiche/sexualitaet/WennKinderhomosexuellsind.php (24.08.2020; 19:31 Uhr).

3.4 Identität

M1 Der Begriff der Identität (Sascha Nieke)

Quelle: Nicke, Sascha (2017): Der Begriff der Identität. Verfügbar unter http://www.bpb.de/politik/extremismus/rechtspopulismus/241035/der-begriff-der-identitaet (04.12.2020; 17.22 Uhr).

M2 Identitätskonstruktionen (Bernadette Kneidinger)

Quelle: Kneidinger, B.: Geopolitische Identitätskonstruktionen in der Netzwerkgesellschaft, Medien – Kultur – Kommunikation, DOI 10.1007/978-3-531-19253-6_4.

M3 Identität: Antworten, Fragen, eine Definition und ein Ziel (Heinz Abels)

Quelle: Abels, Heinz (2017): Identität. Berlin: Springer, S. 193–197.

M4 Wodurch bleibt die Jugendphase signifikant? (Ullrich Bauer)

Quelle: Bauer, Ullrich (2020) Wodurch bleibt die Jugendphase signifikant? Die theoretische Verortung der Jugendphase zwischen Habitusgenese, Autonomiebestreben und intensiver Mentalisierung. In: Andreas Heinen, Christine Wiezorek und Helmut Willems (Hg.) Entgrenzung der Jugend und Verjugendlichung der Gesellschaft. Zur Notwendigkeit einer »Neuvermessung« jugendtheoretischer Positionen. Weinheim: Beltz Juventa, 54–70.

M5 Identität – Werte – Weltdeutung (Nils Köbel)

Quelle: Köbel, Nils (2018): Identität–Werte–Weltdeutung. Zur biographischen Genese ethischer Lebensorientierungen, Weinheim/Basel: Beltz Juventa.

M6 Alle an einem Tisch. Identitätspolitik und die paradoxen Verhältnisse zwischen Teilhabe und Diskriminierung (Aladin El-Mafaalani)

Quelle: El-Mafaalani, Aladin (2019): Alle an einem Tisch. Identitätspolitik und die paradoxen Verhältnisse zwischen Teilhabe und Diskriminierung (Essay). Aus Politik und Zeitgeschichte 69 (2019), S. 9–11. In: H-Soz-Kult, 02.05.2019. Verfügbar unter www.hsozkult.de/journal/id/zeitschriftenausgaben-11712 (04.12.2020; 17:56 Uhr).

M7 Uneindeutigkeit und der Umgang mit Ambiguität: Orientierungen junger Heranwachsender mit und ohne Zuwanderungsgeschichte (Haci-Halil Uslucan)

Quelle: Uslucan, Haci-Halil (2015): Uneindeutigkeit und der Umgang mit Ambiguität: Orientierungen junger Heranwachsender mit und ohne Zuwanderungsgeschichte. Verfügbar unter http://www.ufuq.de/identitaet-und-moral-orientierungen-junger-heranwachsender-mit-und-ohne-zuwanderungsgeschicht/ (03.12.2020; 15:46 Uhr).

3.5 Medien

M1 Tiktok (Florian Güßgen)

Quelle: Güßgen, Florian (2020): Gute Laune, made in China. In: stern, 02.01.2020, S. 73.

M2 Selbstdarstellung von Jugendlichen im Netz (Niels Brüggen)

Quelle: Brüggen, N. (2017): Selbstdarstellung von Jugendlichen im Netz. Im Spannungsfeld zwischen Anpassung und Eigensinn. In: Unsere Jugend. 69 (7/8), S. 325–329.

M3 Der Körper in der privaten Bildpraxis – Das Bildhandeln Jugendlicher (Niels Brüggen)

Quelle: Brüggen, N. (2017): Selbstdarstellung von Jugendlichen im Netz. Im Spannungsfeld zwischen Anpassung und Eigensinn. In: Unsere Jugend. 69 (7/8), S. 329–332.

M4 Kid-cool in Neverland: der Verlust der Familien (Alexander Korritko / Gerald Hüther)

Quelle: Korittko, A./ Hüther, G. (2012): Zwischen selbst gewählter Gleichförmigkeit und vernetzter Identität. Stationen auf dem Weg zur Generation Web 2.0. In: Unsere Jugend. 64 (4). S. 183–185.

M5 Das authentische Selbst: Yes, we can? (Alexander Korritko/Gerald Hüther)

Quelle: Korittko, A./Hüther, G. (2012): Zwischen selbst gewählter Gleichförmigkeit und vernetzter Identität. Stationen auf dem Weg zur Generation Web 2.0. In: Unsere Jugend. 64 (4). S. 185–186.

M6 Web 2.0: Ich bin verbunden, also bin ich (Alexander Korritko/Gerald Hüther)

Quelle: Korittko, A./Hüther, G. (2012): Zwischen selbst gewählter Gleichförmigkeit und vernetzter Identität. Stationen auf dem Weg zur Generation Web 2.0. In: Unsere Jugend. 64 (4). S. 186–189.

M7 Zwischen Schutz und Freiheit (Nadia Kutscher)

Quelle: Kutscher, Nadia (2015): Zwischen Schutz und Freiheit. In: DJI IMPLUSE 3-2015, S. 29–32.

M8 „Das Spontane, Eigene, Zufällige wird verdrängt“ (Sandra Schulz/Boris Zizek)

Quelle: Schulz, Sandra (2019): Das Spontane, Eigene, Zufällige wird verdrängt. Verfügbar unter https://www.spiegel.de/wissenschaft/mensch/gedaechtnis-und-digitale-medien-das-spontane-eigene-zufaellige-wird-verdraengt-a-1277600.html (06.06.2020; 22:10 Uhr).

4. Pädagogische Urteilsbildung (Urteilen)

M1 Was ist Professionalisierung und was wird unter ihr verstanden? (Hilmar Hoffmann)

Quelle: Hoffmann, Hilmar (2013): Professionalisierung der frühkindlichen Bildung in Deutschland. In: Stamm, M. & Edelmann, D. Hrsg. (2013): Handbuch frühkindliche Bildungsforschung. Wiesbaden: Springer 10945VS, S. 315–317.

M2 Zukunftswerkstatt

Eigene Darstellung.